KB215372

결혼식은 준비하지만,
결혼은 준비하지 않았다

결혼식은 준비하지만,
결혼은 준비하지 않았다

김수현 지음

스토리닷

차
례

결혼을 준비하지 않았다

"~했다면 좋았을 텐데."

사람들은 종종 지난 일을 후회하곤 한다. 후회 속에는 여러 가지 마음이 들어 있는데 눈 앞에 펼쳐진 현실을 있는 그대로 받아들이기 어려워하는 '회피', 다르게 행동했더라면 더 나았을거라는 '아쉬움', 때론 과거에 그랬던 나에 대한 '원망'이 들어 있기도 하다. 하지만 아무 행동도 하지 않고서 오직 후회만 하는 것은 존재하지도 않은 삶에 대한 부질없는 상상일 뿐이고 '만약'이라는 전제를 도피처 삼아 지금 느껴지는 불편한 마음을 외면하는 비겁한 도망일 뿐이다. 그래서 요즘 사람들은 후회하는 것의 부질없음과 자기변명의 부작용을 피하고자 후회 따위는 하지 않으려는 기세가 더욱 크다. 좋은 결과를 내지 못한 것도 무척이나 싫은데 괜찮지 않은 나, 뒤늦게 과거를 후회하는 모자란 나의 모습까지 지켜보기엔 내가 너무도 싫은 것이다. 후회는 소용이 없다는 걸 이미 알기에 '쓰라린 마음'이라는 진실을 외면하고 어쩔 수 없다는 생각으로 그냥 살던지, 아니면 잘살고 있다고 합리화한다.

이 책은 후회는 쓸모없다고 치부되는 시대에서 '후회하지 않는 괜찮은 나'보다, '후회라도 마음껏 해보는 자유로운 나'를 선택한 한 여자의 인생 후회로 만들어졌다. '이랬으면 얼마나 좋았을까', '저랬으면 얼마나 좋았을까' 온갖 후회로 점철된 인생의 바짓가랑이를 붙잡고 어떻게 하면 이 삶을 리폼할 수 있을까 고뇌하며 다시 오리고 붙여서 만든 시간 덕분에 쓰게 된 책이다.

좋은 가정을 갖고 싶어서 노력했지만 결혼 10년 차에 멈춰 바라본 나의 삶은 엉망진창이었다. 원하는 삶이 있었는데 그 삶과는 이질적인 현실에서 살고 있었고, 더 늦기 전에 바로잡고 싶어서 뒤늦게 결혼생활을 탐구했다. 남편과 합심해서 2년여 동안 노력했다. 결혼에서 진짜 중요한 건 무엇인지, 우리가 무엇을 놓치고 살았는지 파헤치면서 조금씩 결혼생활을 바로잡았다. 그래서 이미 12년 차 부부임에도 우리를 스스로 2년 차 부부라고 칭한다. 제대로 된 결혼생활을 시작한 건 2년 전부터이기 때문이다. 함께 살아가는 시간의 양과 길이도 중요하지만, 그 시간을 어떤 모습으로 살았는지가 더 중요하다는 생각이 든다.

우리의 결혼을 바로잡으면서 빈번하게 만난 마음은 '후회'였다. '우리가 이걸 진작에 알았으면 얼마나 좋았을까', '조금만 더 빨리 이렇게 살았으면 얼마나 좋았을까' 후회와 아쉬움이 자꾸 밀려왔다. 하지만 마음껏 후회한 마음은 아쉬움에서 점차 희망으로 변해갔고, 결혼을 선택하는 이들을 위해 또는 우리와 같은 실수를 한 부부를 위해 우리의 결혼이야기를 나누어야겠다는 마음으로 재탄생했다. 우리에겐 무지였고 실수였지만 그 경험이 거름이 되어 쓰일 수 있다면 부족했던 지난 삶도 쓸모 있겠다는 생각이 들었다.

우리 부부가 했던 가장 큰 후회는 결혼 준비를 제대로 하지 않은 것이었다. 결혼을 준비한다는 것은 곧 결혼의 주인이 될 준비를 하는 일이었고, 그러기 위해 노력했던 과정을 이 책에 담았다. 10년이나 늦은 결혼 준비로도 결혼생활의 질이 높아지는 효과를 보았으니, 당신이 이것을 결혼 전에 준비할 수 있다면 분명

엉뚱한 곳에 삽질하는 시간을 줄일 수 있을 것이다.

　1장에서는 '결혼' 그 자체를 생각해 보는 시간을 갖는다. 우리에겐 결혼을 사유하는 시간이 필요하다. 내가 생각하는 결혼의 정의와 나만의 의미, 그리고 결혼의 이유와 이상도 고민해 보려고 한다. 2~4장은 결혼의 주인이 되는데 필요한 요소와 과정에 관한 이야기다. 독립해서 홀로 서는 것, 자신을 인식하는 것, 부부라는 관계 맺기의 중요성을 이야기하고 결혼의 주인이 될 수 있도록 돕는다. 마지막 5장은 결혼해서 배우자와 함께 잘 살기 위해 필요한 기술을 담았다. 결혼의 기술은 방법이기보다 마음과 태도가 핵심이다. 보기에는 소소한 팁이지만 직접 실천하면 관계와 삶에 큰 변화를 줄 수 있을 것이다.

　결혼을 준비하고 있는가? 그렇다면 당신은 결혼식은 준비하지만, 결혼은 준비하지 않았다. 이미 결혼했는가? 그렇다면 당신은 결혼식은 준비했지만, 결혼은 준비하지 않았다. 우리 모두 지금이 가장 빠르다는 생각으로 천천히 결혼을 준비해 보자. 나의 후회가 아름답게 쓰일 수 있어서 기쁘다. 20대의 마지막을 결혼 준비로 보내며 막막했던 그때, 결혼에 대해 조곤조곤 알려

주는 언니 한 명 있었더라면 얼마나 좋았을까. 이 책이 당신에게
그런 언니(또는 누나)가 되면 좋겠다는 소박한 바람을 품어본다.
커피 한 잔 앞에 두고 도란도란 함께 이야기 나누듯이.

Part 1

결혼 12년 차, 결혼 준비가
따로 필요한 줄 몰랐다

결혼하고 잘 살기만 하면 되는 줄 알았는데

결혼이란 단순히 만들어 놓은
행복의 요리를 먹는 것이 아니라,
행복의 요리를 두 사람이 노력해 만들어 먹는 것이다.

피카이로

결혼이 행복으로 가는 하이패스라고?

어느 날 집을 청소하다가 중학생 때 받았던 학급 문집을 발견했다. 이런 유물을 아직 갖고 있었다니! 신기하고 반가운 마음에 얼른 책을 펼쳤다. 그곳에는 그 시절 인기 그룹인 'H.O.T'와 '젝스키스' 팬이 서로 우리 오빠가 최고라며 대항전을 벌이고 있었다. 그 외 나머지는 싱거운 농담 절반, 그리고 세상에서 내가 제일 예쁘다는 근거 없는 주장들이었다. 함께 놀았던 친구 몇 명의 얼굴이 떠올라 피식 웃었다. 흥미롭게 문집을 구경하다가 한

페이지에서 손을 멈췄다. 거기엔 우리 반 아이들의 자기소개가 담겨 있었는데 이름, 혈액형, 별자리 등 신상정보와 함께 좌우명과 장래 희망이 적혀 있었다. 15살의 나는 어떤 꿈을 꾸고 있었을지 무척 궁금했다.

'선생님이었나? 간호사였던 것 같기도 하고?'

잘 기억나지 않는 장래 희망을 추측해 보며 글을 읽어 내려갔다. 하지만 나는 이내 허탈한 웃음을 지어야 했다.

> **좌우명**: 목숨이 다하는 그날까지 최선을 다하자.
> **장래 희망**: 현모양처

많은 자기계발서에서 그랬다. 글로 쓰면 꿈이 이루어진다고. 학급 문집에 썼던 내 꿈은 나도 모르는 사이에 이루어져 있었다. 비록 '현모양처'라는 단어의 뜻처럼 현명한 어머니이자 좋은 아내가 되었다고 할 수는 없지만, 어쨌든 모양새는 그랬다. 가정이 중요하다는 일념 하나로 10년이 넘도록 전업주부 생활을 이어가고 있으니, 어릴 적 품었던 나의 염원은 미래에 반영되었음이 틀림없다. 출산 직전까지 출근할 만큼 일을 좋아했다. 외벌이가 되자 통장에는 비상벨이 허다하게 울렸다. 좋아하던 일을 하지 못하고, 돈에 쪼들려 힘들어도 이 삶을 고수했다. 모두 내 꿈이어서 그랬나 보다. 하지만 나는 결혼 10년 차가 지나서야 증명된 꿈 앞에서 당당할 수 없었다. 당당하기는커녕, 오히려 현 모양처라고 꿈꾼 과거의 나를 원망했다. 왜 하필 많고 많은 훌륭한 꿈 중에 그런 꿈을 꿨냐고.

결혼이 행복으로 가는 하이패스인 줄 알았다. 진심으로 좋은 결혼생활을 꿈꿨고 그래서 열심히 노력했다. 하지만 나는 행복하지 않았다. 꿈을 이루고도 행복하지 않은 이유가 궁금했고, 그 이유를 찾고 싶었다. 내 불행의 이유를 정확히 알 수는 없었지만 분명하게 깨달은 한 가지는 결혼이 나를 행복하게 만들어주지 않는다는 사실이었다.

결혼은 했지만, 결혼에 대해 생각해 본 적 없는 우리

동갑내기인 나와 남편은 7년을 친구로 지내다가, 4년 동안은 애인 사이였고, 스물아홉에 결혼해서 지금은 결혼 12년 차가 된 부부다. 친구로 지낸 기간이 길었고 연애 때도 매일 만나서 서로를 충분히 안다고 생각했다. 그러니 결혼만 하면 될 일이었다.

결혼식 날짜를 잡은 그날부터 핑크빛 미래만 꿈꿨다. 하지만 본격적으로 시작된 결혼이라는 여정은 준비부터 만만치 않았다. 해야 할 일이 산더미였고 신경 써야 할 것도 한둘이 아니었다. 겨우 결혼식이라는 문을 통과했지만, 우리가 기대했던 미래는 오지 않았다. 드라마 같은 순간은 잠깐이었고 자존심 싸움하느라 밤을 새우기 일쑤였다. 출산 후엔 난생처음 겪는 몸과 감정의 변화에 혼란스러웠고 우울감이 극에 달했다. 남편은 같은 집에서 살아도 의지처가 되지 못했고 글자 그대로 '남'의 '편'이라는 걸 실감했다. 그 이상한 일들이 어느새 평범한 일상이 되었고, 어영부영 10년이라는 세월이 흘렀다.

결혼을 위해 열심히 살았는데 나는 행복하지 않았다. 마음 곳곳에 생채기가 가득했다. 공허함과 회의감에 휘감겨 허덕이는 나를 보며 이건 아니라는 생각이 들었다. 도대체 뭐가 문제였을까? 왜 우리는 사랑해서 결혼했는데도 행복하지 않을까? 생각하고 또 생각했다. 그렇게 결혼생활을 깊이 돌아본 결과 우리는 결혼 전에 결혼에 대해 진지하게 생각하고 고민한 적이 없었다는 걸 알게 되었다. 살 준비만 했고, 그냥 살았고, 그저 살아가는 데 급급했다. 결혼식을 올리고 한 집에서 같이 살기만 하면 행복이 저절로 올 줄 알았다. 그런데 오랜 시간이 흘러서야 깨달았다.

결혼 전에도 준비가 필요하다는 것을.

아무도 가르쳐주지 않는 결혼, 내가 스스로 챙긴다

초·중·고를 거쳐 대학교까지 졸업해도 결혼에 대해 알려주는 과목은 없다. 결혼한 사람은 많지만, 결혼을 아는 사람은 드물다. 그래도 궁금해서 물어보면 돌아오는 대답은 모두 근거 없는 자의적인 판단뿐이다. 누구는 "그래도 결혼하는 게 나아."라고 하고, 또 다른 누군가는 "차라리 혼자 사는 게 나아."라고 한다. 결국은 결혼하는 순간까지도 결혼을 배우지 못하고 제대로 알지도 못한 채 앞선 이들이 걸었던 미지의 세계로 발을 딛는다.

돌이켜보면 우리는 결혼할 때 정말 아무 생각 없이 했다. 너도나도 대부분 그랬다. 무엇을 알아야 하고 준비해야 하는지 알려주는 사람도 없었고 그런 정보를 찾기도 어려웠다. 그래도 요즘은 소셜미디어의 발전으로 결혼생활과 부부관계에 대한 정보를 쉽게 찾을 수 있다. 방송 매체에서도 결혼은 단골 소재다. 하지만 그런 것들이 결혼을 준비하는 사람들에게 어떤 영향을 얼마나 주는지는 모르겠다. 결혼생활의 어려움을 다룬 콘텐츠를 보거나 다른 부부의 갈등 사례를 듣는다고 해도 그건 다른 사람이야기일 뿐이다. 진짜 필요한 건 스스로 내 결혼에 대해 깊이 생각하고 고민하는 시간이다.

사람들이 하는 결혼 고민은 단순하다. '해도 될까?' 혹은 '하지 말까?' 하며 선택을 고민할 뿐이다. 하지만 우리가 실제로 해야 할 고민은 '결혼'이라는 요소 그 자체에 대한 깊은 고찰이다. 결혼을 파헤쳐서 내 것으로 만들어야 한다. 물론 직접 살아보지 않고서는 알 수 없는 게 결혼이지만, 내 삶에 큰 변화임이 분명한 만큼 최소한의 숙고는 해봐야 하지 않을까?

배우자라고 해도 평생 남남으로 살아온 사람이다. 결혼식을 올리고 혼인신고를 한다고 해서 저절로 가족이 되는 것은 아니다. 어떻게 하면 함께 잘 살아갈 수 있을지 배워야 하고, 알아야 하고, 사유해야 하고, 끝으로는 반드시 실천해야 한다. 우리 부부는 그 당연한 사실을 결혼한 지 10년이 지나서야 깨달았다. 남편과 깊은 대화를 나눈 끝에 지금이라도 우리 결혼에 대해 생각해 보자는 결론을 내렸다. 마치 다시 결혼한 것처럼 초심으로 돌아갔다. 결혼 전에 해야 했던 대화와 작업을 하나씩 해나갔고 조금씩 결혼의 중심을 잡았다. 결혼 전에 결혼을 준비할 수 있었다면 참 좋았을 텐데. 부디 당신은 나와 같지 않기를 바란다.

나를 위한 결혼 자유 시대

결혼하는 편이 좋은가,
아니면 하지 않는 편이 좋은가를 묻는다면
나는 어느 편이나 후회할 것이라고 대답하겠다.

소크라테스

등 떠미는 사람 없어진 결혼

"연애는 필수! 결혼은 선택! 가슴이 뛰는 대로 가면 돼."

때는 2013년, 가수 김연자의 '아모르 파티'가 온 세상에 울려 퍼졌다. 이런, 한발 늦었다. 나는 그 노래를 듣기 1년 전에 이미 결혼했다. 그래서인지 연자 이모의 노래는 들을 때마다 가슴이 아리다. 이 노래는 공감 가는 가사로 많은 사람의 마음을 사로 잡았다. 사람들은 왜 노랫말에 공감했을까? 아마도 그건 우리가 그동안 결혼을 필수라고 여기며 살아왔기 때문일 것이다. 노래

방에서 아모르 파티를 목청껏 부르고 나면 묘한 카타르시스를 느낄 수 있다. 결혼이 필수라면 의무를 껴안게 되는데, 선택이라고 하니 자유를 가진 것 같기 때문이다.

결혼을 연애의 종착지이자 사랑의 결실이라고 생각했다. 결혼해서 가정을 꾸리는 삶을 보통 사람의 당연한 순서로 보았고 결혼을 마치 진짜 어른이 되는 통과의례처럼 여겼다. 남들도 다 하니까 나도 하면 잘 살 줄 알았다. 그런데 막상 해보니 결혼은 고난과 고통의 연속이었다. 행복은커녕 지옥의 상징이 되었고 내 사랑마저 변질시켰다. 결혼을 너무 쉽게 생각하고 아무 준비도 없이 닥치는 대로 살아서 생긴 결과였다.

통계청 자료에 따르면, 우리나라 혼인 건수는 1990년대에는 40만여 건이었지만 2010년 이후 줄곧 감소세를 보여 2022년에는 19만여 건으로 혼인율이 사상 최대 바닥을 찍었다. 결혼이 문제이거나 나빠서가 아니라 시대가 변했기 때문이다. 삶의 가치관이 변했고 개인 삶의 질을 중요하게 여기는 시대가 왔다. 결혼이 누구나 당연히 밟아야 하는 인생의 과정도 아니며, 더 나은 삶이나 행복을 보장하는 제도도 아니다. 나이는 많은 데 미혼이라고 해서 문제 있는 사람으로 취급받지도 않으며, 결혼은 못 하는 게 아니라 안 하는 것이 되었다. 평균 수명의 증가로 결혼 적령기라는 기준도 모호해졌으며, 나이와 상관없이 내가 하고 싶을 때 선택하는 진짜 나를 위한 제도가 되었다. 결혼하라고 등 떠미는 사람이 없어졌으니, 결혼은 이제 정말 '자유'라는 말이다.

결혼아! 우리 친하게 지내자

인간의 진화와 함께 결혼도 변화를 거쳤다. 원시 사회의 결혼은 생존과 번식, 동맹을 위한 공동체적 결합이었다. 집단 간의 결속을 이루고 종족 유지를 위해 이루어진 과정이었다. 고대 사회에서의 결혼은 주로 경제, 정치와 맞물려 이루어졌다. 집안의 이익이나 가족의 권력을 강화하려는 의도가 포함되었다. 그로 인해 여성은 재산의 일부로 여겨지기도 했다. 근대에 들어서야 개인의 자유가 중요해지면서 집안 간 계약 관계가 아닌 한 개인의 행복을 위한 선택이 되었다. 결혼이 변화한 과정을 보면 '개인', '사랑', '선택'이라는 단어가 적용된 것은 그리 오래되지 않았다. 더군다나 유교 문화가 뿌리 깊은 우리나라는 1900년대 중반까지도 집안 어른들이 자녀의 혼사를 결정하기도 했다고 하니 지금의 결혼과 비교하면 비교적 짧은 시간에 급변했다는 걸 알 수 있다.

이제는 사랑한다고 해서 무조건 결혼하지도 않는다. 비혼가족, 동거가족 등 결혼하지 않고도 다양한 형태의 가족을 이룬다. 사회가 급변하는 만큼 결혼과 가정의 패러다임도 크게 바뀌고 있다. 결혼은 개인과 개인의 오롯한 결합이라는 인식이 커졌고, 서로를 향한 사랑과 존중을 바탕으로 이루는 자발적이고 주체적인 결정이 되었다. 결혼을 통해 우리가 되는 일도 중요하지만, 건강한 동반자 관계를 통해 개인이 성장과 발전을 이루는 자아실현 측면도 필요해졌다.

이렇게 급변한 결혼을 정복하기 위해서는 우선 '결혼'이라는 녀석과 친해져야 한다. 더 많이 알아보고, 더 깊이 공부하고, 더 잘 준비해야 한다. 결혼이 어떤 시대 속에서 어떻게 변하고 있는지 알면 결혼을 이롭게 사용할 수 있다. 세상이 변한만큼 나도 변했을 것 같지만, 그렇지 않다. 여전히 달콤한 꿈만 꾸며 선택하거나 막연한 두려움으로 결혼을 피한다. 결혼하기 힘든 세상이라고 섣불리 단정해서 내가 누릴 수 있는 성장과 행복을 스스로 걷어차기보다는 나의 이유로 선택하거나 선택하지 않는 게 진짜 내 인생을 사는 사람의 태도가 아닐까. 적극적으로 결혼을 파헤쳐서 당당히 선택하거나 기쁘게 거부할 수 있는 사람이 되어보자.

그럼에도 불구하고 결혼을 선택한다면

시대가 변했고 이젠 결혼하지 않아도 전혀 이상할 게 없다. 나를 위한 '결혼 자유 시대'가 펼쳐졌다. 이처럼 결혼이 자유가 되었는데도 스스로 선택한다면 이전 세대와는 다른 접근을 할 수 있어야 한다. 내가 선택한 결혼이 내 발목을 잡거나 혼란의 카오스가 되도록 두어서는 안 된다.

많은 사람이 결혼을 탓한다. "저 인간이랑 결혼만 안 했어도, 쟤 말고 걔를 택했으면 불행하지 않았을 텐데."라고 생각한다. 마치 결혼하지 않았더라면 당연히 행복했을 것처럼. 결혼 때문에 불행하다고 여기고 모든 화살을 배우자에게 돌린다. 하지만 그건 나의 인지 오류와 왜곡의 합작일 뿐이다. 생각해 보면 누가 억지로 시킨 결혼이 아니라 내가 좋아서 한 결혼이다. 단지 결혼에 대해 잘 모르는 상태에서 했을 뿐이고, 결혼 전에 결혼하면 일어날 일들을 생각해 본 적이 없어서 그런 상황을 맞이했을 뿐이다. 대학만 가면 모든 게 해결되고 취직만 하면 더 이상 불행이 없을 줄 알았지만, 그렇지 않다는 걸 우리 모두 경험으로 알고 있다. 그런데도 여전히 똑같은 착각을 하며 준비 없이 결혼하고 쉽게 결혼을 탓한다.

결혼은 해도 후회, 하지 않아도 후회한다는 소크라테스의 말처럼 모두에게 똑같이 적용되는 절대적인 좋음이나 나쁨이 아니다. 결혼은 중립적이며 결혼은 그냥 결혼일 뿐이다. 누가 하든 상관없이 결혼 자체가 나쁜 거라면 이미 진작에 지구에서 사라졌을 것이다. 사람들은 여전히 결혼이라는 제도를 선택하고 이혼 후에도 상처를 딛고 다시 선택하는 사람도 많다. 그렇다면 결혼이 살아가는 데 도움 되는 게 있음이 분명한 것 아닌가. 무엇이든 양면이 있는 것처럼 결혼생활에도 좋고 나쁨은 한 쌍처럼 함께 존재한다. 누가 어떻게 살아내느냐에 따라서 좋은 것일 수도 있고 나쁜 것이 될 수도 있다. 그렇다면 그 중심이 '결혼'이 아니라 결혼을 선택하는 '나' 자신이 되어야 하지 않을까? 제대로 생각해 보지도 않고 덜컥 결정하거나, 진지하게 생각해 보지도 않았으면서 혐오하지는 말자.

결혼은 변했다. 이제는 스스로 선택하고 나답게 만들어가야 한다. 모두가 하는 당연한 절차가 아니기에 오히려 나만의 특별한 삶을 만들 수 있다. 결혼이란 해도 후회, 하지 않아도 후회가 아니라, 해도 좋고 하지 않아도 좋은 것이다. 그렇게 만드는 건 바로 '나'이다.

결혼식 준비 말고, 결혼할 준비

바다에 나갈 때는 한 번 기도하고,
전쟁에 나갈 때는 두 번 기도하고,
결혼할 때는 세 번 기도해라.

러시아 속담

What is 결혼 준비?

포털사이트에 '결혼 준비'라는 키워드를 검색하면 체크리스트 작성에 관한 정보로 가득하다. 결국 대부분의 사람이 생각하는 결혼 준비란 결혼식 올릴 준비, 함께 살 때 필요한 것들을 마련하는 준비다. 결혼을 약속하고 결혼식 날짜가 정해지면 그때부터 열심히 결혼 준비를 한다. 스드메(스튜디오, 드레스, 메이크업), 예식장, 예물, 예단, 신혼여행 등 기본이라고 생각하는 결혼 준비를 진행한다. 그런데 그 '기본'이라는 범위가 대체 어디까지인지는 모르겠다. 일단 주변 지인들의 결혼을 스캔하고, 온라인에서 조사한 방대한 자료까지 모아서 목록을 작성한다. 나는 소중하고 내 결혼은 생애 한 번뿐이라고 생각하기에 후회하지 않도록 최선을 다한다.

다음은 함께 잘 먹고 잘살기 위함을 준비하는 과정이다. 신혼집, 혼수, 기타 살림살이 등 우리의 풍요로운 의식주 생활을 위한 준비다. 여기서 끝내는 사람도 있지만 조금 더 나아가 건강검진, 보험 포트폴리오, 가계 재무 계획까지 준비하는 사람도 있다. 이쯤 되면 꽤 많은 걸 해낸 것 같고, 잘 살 수 있을 것 같은 느낌도 든다. 해야 할 일들을 시기별로 정해두고 꼼꼼히 점검하면서 끝난 준비에는 완료 표시를 한다. 완료 표시가 모두 채워지면 결혼 준비는 끝이고 이제 결혼식만 하면 된다고 생각한다.

하지만 결혼은 단지 결혼식을 뜻하거나 함께 사는 주거 생활만 의미하지 않는다. 이 모든 것은 '결혼'이라는 큰 카테고리 안에 포함되어 있을 뿐이다. 정작 알맹이가 빠져있다. 결혼은 '삶' 그 자체다. 결혼이라는 새로운 삶을 이끌어가는 '나'와 '너', 그리고 '우리'에 대해 생각해야 한다. 우리는 어떤 삶을 원하며 어떻게 살아갈 것인지 우리만의 고유한 결혼을 정립해야 한다.

결혼 준비의 첫 시작은 '결혼 준비가 무엇일까?'에 대해 생각해 보는 일이어야 한다. 결혼할 때 필요한 진짜 준비가 뭔지 심도 있게 생각해 보는 게 제대로 된 결혼 준비라는 말이다. '남들 다 저렇게 하니까 저게 결혼 준비구나' 하고 단순하게 생각할 일이 아니다. 결혼식은 끝이 아니라 시작일 뿐인데 그걸로 결혼 준비를 다 했다고 생각하니 문제가 생긴다. 우리의 결혼생활을 위해서 어떤 준비가 필요한지 스스로 생각해 보는 시간을 가져보자. 결혼 준비는 하루아침에 끝내는 게 아니라 긴 시간을 들여 천천히 해나가야 한다.

입시 준비만큼 결혼 준비를 한다면 좋을 텐데

우리는 어릴 때부터 대학 입시를 준비하고, 취업을 위해 치열하게 노력한다. 그런데 정작 인생에서 가장 중요한 일 중 하나인 결혼은 준비하지 않는다. 부부가 되어 가족으로 살아가려면 알아야 할 것, 갖추고 길러야 할 것이 무수히 많다. 그런데도 결혼을 위한 노력은 안중에도 없다. 결혼식, 신혼집 등 대부분 결혼의 하드웨어만 준비한다. 하지만 삶이라는 결혼의 소프트웨어를 준비하지 않으면 껍데기가 뻔쩍뻔쩍해도 소용없다. 좋은 집에 살고 남들 부러워할 만한 결혼식을 올려도 속은 금세 곪는다. 맞춰가야 하는데 문제는 빈번해지고 애정을 쌓아야 할 시간에 미움을 쌓게 된다. 그렇게 되지 않으려면, 결혼해서 어떤 가정을 만들어갈지 어떤 부부가 되어갈지 준비하는 일을 소홀히 여기지 말아야 한다.

우리나라에는 '건강가정기본법'이라는 법률이 있다. 건강한 가정생활의 영위와 가족의 유지 및 발전을 위한 국민의 권리·의무, 국가 및 지방자치단체의 책임을 명시하고 있다. 즉 결혼해서 잘 사는 게 우리의 권리이자 의무라는 말이다. 그렇다면 내 결혼을 위해서 도움받을 수 있는 건 무엇이 있는지 찾아보고, 프로그램이나 교육, 지원을 적극적으로 이용할 수 있어야 한다.

찾아보면 유·무료로 열리는 예비부부 교육이 많다. 시군구 가족센터, 육아종합지원센터, 복지관 같은 공공기관을 비롯해 지역 문화센터, 사회 단체기관, 종교기관, 웨딩 관련 플랫폼 등에서 결혼을 위한 다양한 프로그램을 연다. 가족관계 전문 상담 기관이나 부부 코칭 전문가를 찾아가서 도움을 받는 것도 좋다. 그것도 힘들다면 최소한 셀프 스터디라도 하자. 결혼이나 부부생활에 관한 도서나 온라인 콘텐츠를 함께 보면서 결혼을 준비할 수 있다. "오빠, 이런 거 해야 한대!", "자기야, 이 책 당장 읽어!" 이런 식의 강요는 곤란하다. 결혼 준비에 관한 공부가 또 하나의 체크리스트가 되거나, 남들이 해야 한다고 해서 조바심에 하는 일이 되지 않도록 하자. 커플 중 한 사람이 일방적으로 강요하지 않도록 해야 한다. 결혼은 함께 사는 일이다. 결혼 준비의 이유를 마음에서 끌어내고 함께 주도해서 준비해 보자.

수행과 축복을 경험할 마음의 준비를

대상이 같아도 결혼과 연애는 전혀 다르다. 연애할 때는 잠깐 만난다. 매일 만난다고 해도 하루 24시간 중 불과 몇 시간 볼 뿐이다. 잠깐 만나는 그 시간에도 그는 자신이 아는 한 가장 괜찮은 모습을 보여준다. 결국 나는 사회화된 페르소나를 쓴 그 사람을 알 뿐이다. 내가 안다고 착각하는 그는, 그 사람이 가진 여러 가지 모습 중 빙산의 일각이라는 말이다. 연애만으로는 서로를 다 알 수 없다. 결혼하면 미처 몰랐던 모습들이 고구마 줄기처럼 줄줄이 드러난다. 이제야 서로를 제대로 알 기회를 얻는다.

연애할 때는 좋은 곳에서 맛있는 음식 먹으며 즐겁게 데이트하는 게 일상이다. 행복한 건 당연하다. 그런데도 싸울 일이 생긴다. 즐겁게 놀기만 해도 싸울 일이 있는데, 의무와 책임이 가득하고 시시때때로 문제가 들이닥치는 결혼이라는 삶 속에서 갈등은 너무나 당연하고 상식적인 일이다. 그럼에도 불구하고 사랑해야 하는 것이 바로 결혼이다.

결혼은 낭만이 아니라 현실이다. 매일 밤 사랑을 속삭이며 달콤함에 파묻혀 사는 일이 아니라 그냥 매일 평범하게 사는 일이다. 평소처럼 똑같이 눈 떠서 출근하고, 바쁘게 하루를 살아내고, 집으로 돌아와서 밥 먹고 잠자는 일이다. 일상 가사 노동의 주체가 되어 장보고 음식하고, 청소하고 쓰레기 버리고, 돌아서면 다시 그 일을 무한으로 반복하는 삶이다. 부부라는 정체성으로 한 가정을 끌어가는 것만으로도 할 일이 넘치는데, 여기에 배우자, 며느리·사위, 아빠·엄마라는 역할까지 동시에 생기는 결혼은 그야말로 할 일 천국이다.

바다에 나갈 때는 한 번 기도하고, 전쟁에 나갈 때는 두 번 기도하고, 결혼할 때는 세 번 기도하라는 러시아 속담이 있다. 결혼이 얼마나 강력하면 이런 속담이 다 있을까. 그런데 그 기도는 세 번이 아니라 매일 해야 하더라. 결혼과 동시에 마주하게 되는 현실을 생각하면 '결혼하면 행복하겠지'라는 생각은 헛된 꿈이다. 그렇다고 결혼에 고생만 있는 건 아니다. 그 속에 보람과 행복, 그리고 성장과 성숙의 길도 있다. 이처럼 결혼은 부부가 함께하는 '수행'이자 '축복'의 여정이다. 그 여정을 경험할 마음의 준비를 기꺼이 해보자.

결혼이란 무엇인가?

결혼은 명사가 아니라 동사이다.
그것은 당신이 얻는 것이 아니다.
그것은 당신이 하는 일이다.
이것이 매일 파트너를 사랑하는 방식이다.

바바라 드 안젤리스

내가 생각했던 결혼은 이게 아닌데

'결혼할까? 말까?' 수없이 고민하면서, 정작 내가 고민하는 그 결혼이 무엇인지에 대해서는 생각해 보지 않는다. 나는 결혼을 뭐라고 생각하면서 고민하는 걸까? 결혼이란 대체 뭘까?

표준국어대사전에는 결혼을 '남녀가 정식으로 부부관계를 맺는 것'이라고 정의하고 있다. 하지만 아무리 생각해 봐도 나는 결혼을 단순히 그렇게만 생각하지는 않는 것 같았다. 결혼생활을 하는 동안 가장 많이 했던 생각은 '내가 이렇게 살려고 결혼한 건 아닌데'였다. 후회까지는 아니었지만 이건 아니라는 회의감이 들었다. 그런데 마음에서 혼란을 겪으면서도 '내가 생각하는 결혼이 뭐지?'라는 질문을 스스로에게 던지지 못했다. 결혼에 대해서 생각해 본 적이 없다는 걸 몰랐기 때문이다. 뒤늦게 의문이 생겨 나에게 질문했다. '그래서 도대체 내가 생각했던 결혼은 뭔데?' 그러자 내 안의 목소리가 대답했다. '뭐긴 뭐야! 사랑하는 사람 만나서 아들, 딸 낳고 알콩달콩 행복하게 사는 거지.'

그제야 내가 생각하는 결혼의 정의는 무엇이지, 그리고 내가 왜 행복하지 않다고 느끼는지 알게 되었다. 나에게 결혼은 이 세 가지 조건이 필수 충족되어야 했다.

1. 내가 진심으로 사랑한다고 당당히 말할 수 있을 정도의 사람과 함께 사는 것
2. 자녀를 낳고 함께 기르는 것
3. 부부 사이가 친밀하고 그로 인해 내가 행복감을 느낄 수 있는 것

어디서부터 시작된 결혼관인지는 모르겠지만, 내겐 이런 결혼의 정의가 있었고 그 정의가 충족되지 않으니 불행하다고 느꼈다. 돌아보면 부모님의 영향이 컸다. 내가 중학생이 된 해에 사랑하는 엄마가 암으로 세상을 떠났다. 그 일이 있기 전까지 우리 집은 화목했다. 부모님이 싸우시는 모습을 본 적이 없다. 두 분 다 다정다감하고 애정 표현도 서슴없이 하셔서 나는 결혼이 원래 그런 건 줄 알았다. 그래서 결혼의 좋은 모습만 보고 무조건 그래야 한다고 생각했다. 어린 나는 부모님이 우리를 키우며 겪었던 수많은 어려움을 보지 못했고, 부부로 함께 살아가기 위해 얼마나 참고 인내했는지 알지 못했다. 나는 환상 속의 결혼을 붙잡은 채 그것과 비교하며 내 결혼생활을 괴롭히며 살았다.

알콩달콩 행복하게 사는 게 모두가 생각하는 결혼생활 아니냐고 할 수 있겠지만, 그렇지 않다. 사람의 수만큼 결혼의 정의도 다양하다. 나는 마음에 들지 않는 결혼생활이 남편에게는 아무런 문제가 되지 않았다. 남편은 부모님이 싸우는 모습을 많이 보고 자랐고 경제적 어려움을 겪는 게 싫었다고 한다. 그래서 남편에게 결혼은 궁핍하지 않고 갈등이 없으면 잘 사는 거였다. 나는 부부 사이의 친밀감과 관심 표현이 중요한데, 남편은 싸우지 않으면 다 괜찮은 날이다. 함께 사는 부부지만 우리가 생각하는 결혼의 정의는 이렇게나 달랐다.

결혼은 나의 반쪽을 찾는 일이 아니다

"당신의 반쪽을 찾아드립니다."

결혼 관련 광고에서 자주 볼 수 있는 문구다. 찾아가서 제발 바꿔 달라고 부탁하고 싶다. 직접 해보기 전에는 몰랐다. 결혼이란 당연히 사랑하는 나의 반쪽을 만나서 나머지 반을 채우고 아름다운 하나가 되는 건 줄 알았다. 결혼이란 반쪽과 반쪽의 합이 아니었다. 완전한 하나의 존재와 또 다른 완전한 존재가 만나서 시너지를 내는 일이었다. 반쪽(나) + 반쪽(너) = 하나(우리) 가 아니라 1(나) + 1(너) = 2(우리) 가 되어야 하는 것이 결혼이다.

반쪽끼리 만났다가 헤어지면 다시 부족한 반쪽짜리 사람이 된다. 하지만 완전한 존재는 만났다가 헤어져도 그냥 완전한 존재다. 헤어짐을 염두에 두고 하는 말은 아니다. 결혼이 나를 채우려 하는 일이거나 나를 흔드는 일이 되어서는 안 된다고 말하고 싶어서다. 사람이 가진 생각은 인생을 만들어가는 재료다. 내가 불완전한 반쪽이라는 전제조건을 가지면, 그 정체성에 맞게 행동하게 된다. 결혼한 후에도 자꾸 상대에게 바라고 채우려는 마음을 갖게 되며, 자신을 혼자서는 살아갈 수 없는 사람으로 여기게 된다. 나는 부족한 존재가 아니다. 모자란 부분을 포함해서 이미 나로 완전한 존재다. 완벽해야 한다는 게 아니다. 온전한 존재로서 자기답게 우뚝 서 있어야 한다는 말이다. 숫자 '1'처럼 말이다.

결혼에 대한 나만의 정의 내리기

"결혼이란 군 입대 같은 것. 다신 뽑히지 않을 말뚝을 그대에게 박는 것."

"결혼이란 계속 노력하는 것. 함께 한다는 사실에 늘 감사하며 같이 사는 것."

유기농 밴드의 '결혼이란' 노래의 가사다. 가사처럼 결혼은 사랑을 바탕으로 서로 감사하며 평생이라는 시간 동안 끊임없이 노력하며 사는 것일까? 그렇다면 사랑이 잠시 가출해서 미움이 내 집안을 차지하고 있을 땐 결혼생활이 아닌 걸까? 사는 게 지쳐서 노력 같은 건 더 이상 할 수 없는 날에는 대체 어떻게 해야 할까? 혹시 우린 결혼에 너무 많은 걸 바라고 있는 건 아닐까? 그래서 스스로나 배우자에게 자주 실망하고 질책하며 사는 건 아닐까? 결혼이란 대체 뭘까?

남편과 함께 우리가 생각하는 결혼이 무엇인지에 대해 이야기 나누며 서로를 더 이해하게 되었다. '결혼은 이런 거야'라는 단정 대신 우리가 만들어가고 싶은 결혼생활이 어떤 모습인지 기억하고 함께 지켜 나가는 중이다. 결혼에는 수많은 정의가 붙는다. 결혼에 대해 내가 어떤 정의를 내리고 있는지, 왜 그런 의미를 붙이고 있는지 생각해 보자.

결혼이 사랑하는 사람과 아들딸 낳고 알콩달콩 행복하게 사는 일이라고 생각했던 나는 사랑하는 사람과 사이가 좋지 않은 날도 있다는 걸 간과했고, 그 예쁜 자식을 기르는데 얼마나 많은 노고가 필요한지 몰랐으며, 행복 속에는 고통과 역경도 포함된다는 것을 무시했다. 결혼이 뭐냐고 물으면 여전히 백 가지 답이 존재하겠지만 최소한 이제는 '도대체 결혼이 뭘까?'라고 고뇌하지 않는다. 나만의 정의를 알고 있으니까. 결혼이란 사랑하는 사람과 자식 낳고 알콩달콩 우당탕 지지고 볶고 사는 일이다. 그걸 다른 사람이 아닌 너랑 해서 즐겁고 행복할 뿐이다. 결혼이 축복이 아니라 그 대상이 너라서 축복이다. 아직은 그렇다는 말이다. 이건 지극히 개인적인 나만의 정의다. 당신도 당신만의 정의를 찾아보기 바란다.

결혼에서도 필요한 나만의 Why

사람들은 대개 정신없이 서둘러 결혼하기 때문에
한평생 후회하게 된다.

몰리에르

왜 결혼 하시나요?

사람들은 왜 결혼할까? 주변을 둘러봐도 TV를 켜봐도, 결혼
이 좋다는 얘기보다는 결혼이 얼마나 무서운 건지 알려주는 얘
기만 가득한데 말이다. 나는 다르게 살 수 있다는 도전 정신을
가진 건가? 결혼의 불행이 내 얘기는 아닐 거라는 안일한 생각
을 가진 건가? 어쨌든 사람의 수만큼 결혼의 이유도 다양하다.
결혼이 무조건 해야 할 일도 아닌데 왜 하려고 하는지 이유는 있
어야 하지 않을까? 당신은 왜 결혼하는가?

내가 결혼을 선택한 건 맞지만, 왜 선택하는지는 미처 생각해 보지 못했다. 결혼에 대한 탐구를 뒤늦게 하면서 아무 생각 없이 그냥 했다는 걸 깨닫고 부끄럽고 어처구니가 없었다. 그냥 이대로 살다가 검은 머리가 파뿌리 되고 나서야 '이건 아닌데' 했으면 어쩔 뻔했나, 상상만 해도 아찔했다. 늦었지만 지금이라도 내 결혼의 이유를 생각해 볼 수 있어서 다행이었다. 사실 나에게 결혼은 '그냥 당연히 하는 것'이었다. 할 건지 하지 않을 건지 고민하지도 않았고 당연히 할 건데 언제, 누구랑 할지만 고민했다. '결혼해서 불행하거나 내 자유를 뺏기면 어쩌지?' 같은 고민도 당연히 하지 않았다. 어서 빨리 결혼해서 행복한 우리 집을 다시 찾고 싶을 뿐이었다. 어릴 적 행복했던 우리 집은 엄마가 떠나고 모든 게 달라졌다. 이런 과거 경험 때문에 화목한 가정이라는 특정 상태는 내 행복의 기준이 되었다. 나에게 성공이란 물질이나 유명세보다 '행복한 가족'을 갖는 일이었고, 나는 그래서 결혼했다.

결혼하는 이유는 다양하다. '사랑하니까', '행복하게 살고 싶어서', '혼자 늙는 건 외로우니까', '남들도 다 하는 거니까', '부모님이 그래도 하는 게 좋다고 해서' 등 수없이 많다. 당신은 왜 결혼하려고 하는가? 어떤 이유든 좋다. 어차피 인생은 자기의 이유로 사는 거고 그 이유를 틀렸다고 할 수 있는 사람은 어디에도 없으니까. 최소한 나 자신은 알자는 말이다.

내가 왜 결혼을 선택했고 그 이유로 하고자 한다면 무엇을 어떻게 해야 하는지 그리고 어떤 문제가 생길 수 있는지까지도 생각해 보자. 내가 가진 이유에 따라서 펼쳐내는 결혼의 모습이 달라지고, 나의 이유를 기억해야 이 선택에 원망하지 않는다.

왜 그 사람과 결혼하시나요?

결혼 10주년이 됐을 때 남편에게 물었다.

나: 왜 나랑 결혼하고 싶었던 거야?

남편: 네가 힘들게 살았잖아. 지켜주고 싶어서.

황당하네. 누가 누굴 지켜주겠다는 건지. 자기 한 명만 잘 지켜도 내가 아들 셋은 안 키워도 될 텐데(참고로 나는 아들 둘을 낳았고, 남편은 0번째 아들이다). 나를 지켜주겠다는 마음으로 결혼했다는 건 전혀 몰랐다. 그가 나를 지켜주고 있다고 느끼지 못한 이유는 아마도 '지켜준다'라는 정의와 방법이 서로 달랐기 때문일 것이다. 힘들었던 나를 지켜주고 싶다는 마음은 훌륭하다만, 때로는 본인이 나를 힘들게 만드는 장본인이 될 수도 있다는 생각은 하지 못했나 보다. 지켜주고 싶다는 생각으로 결혼했다가 삶의 풍파를 겪고 나를 위험에 빠트리는 때가 오면, 남편은 결혼 실패자가 된다. 말도 안 되는 발상이다. 어려움을 함께 헤쳐 나가야 하는 결혼생활에서 일방적 희생은 사랑이 아니다. 남편은 결혼 상대자로 자신이 도움 줄 수 있는 사람을 골랐고, 그녀의 영웅이 되고 싶었다. 하지만 그녀는 힘들고 외롭게 자랐다. 그렇다면 결핍도, 문제도 많을 텐데 그건 생각하지 못했나 보다.

나는 왜 그 사람과 결혼했는지 생각해 보았다. 나의 결혼 상대자 선정 기준은 '남는 놈'이었다. 내가 무슨 짓을 해도 나를 떠나지 않는 사람이랑 결혼할 거라는 마음이 있었고 그 뜻을 이뤘다. 고백을 하나 하자면 나는 예민한 편이다. 큰일은 덤덤하게 견디는데 사소한 일에 목숨 거는 스타일이다. 그 말인즉슨, 꼬투리 잡기 귀재라는 말이다. 내가 봐도 나는 가끔 사람 질리게 할 때가 있다. 그래서 전 남자 친구들이 헤어질 때 모두 같은 말을 했다. "아, 더는 못 하겠다."라고.

그런데 남편은 나의 못 볼 꼴을 다 보고도 떠나지 않았다. 그러니 합격이었다. 사랑한 건 맞지만 그 외 다른 건 따져보지 않았다. 결국 지금의 남편과 결혼했던 이유는 결혼 적령기라 일컫는 나이쯤 내 옆에 남아 있던 최후의 녀석이었기 때문이다. 이 사람이어야 하는 게 아니라 남는 놈이라니. 그때의 나는 그렇게 밖에 생각할 수 없었겠지만, 평생이라는 단어를 거는 결혼 앞에서 할 건강한 생각은 아니었다고 볼 수 있겠다. 결혼하고 수십 번을 싸우며 깨달았다. 내 흉한 꼴 다 보고도 남는 놈은 제정신이 아닌 놈이라는 걸.

결혼에 대한 나의 Why는 무엇인가?

2009년 TEDx에서 사이먼 시넥은 골든 서클 모델을 소개했다. 골든 서클은 영향력 있는 리더와 조직이 가진 특성으로 '왜(Why)'에서 시작해, '어떻게(How)'를 거쳐, '무엇(What)'을 실현하는 방식이다. 이유와 목적을 의미하는 'Why'를 가장 중심에 두고 그 바깥에 방법을 의미하는 'How'를 그리고 가장 바깥에는 수단이 되는 'What'으로 구성한다. 골든 서클 모델에 의하면 무엇을 하든 행동하기 전에 목적을 정립하는 물음을 스스로 던져야 한다.

결혼생활이라는 'What'을 선택하고 실현하기 전에 더 중요한 건 결혼의 목적과 이유인 'Why'를 명확히 하는 작업이다. 내 결혼의 이유에 따라 결혼생활을 만들어 내는 과정이 달라지고, 그에 따른 결과를 맞는다. 제발 무턱대고 결혼식 준비부터 하지 말고, 결혼에 대한 나만의 이유부터 찾자.

'나는 왜 결혼하려고 하지?'

'나는 왜 이 사람과 결혼하려고 할까?'

나에게 묻고 솔직하게 답해보자. 나만의 이유를 기억하고 나의 목적에 부합하는 결혼생활을 만들어보자. 내가 어떤 이유로 이 사람을 선택했는지 기억한다면 단점이나 부족한 부분 대신 내 선택의 이유였던 그 사람의 빛나는 부분을 바라보게 될 것이다. 혹여나 훗날 결혼생활을 하다가 내 안에 괴물이 깨어나는 날이 오면 지금, 이 순간을 떠올리자.

'이 결혼 누가 선택했지?'

'이 사람 누가 골랐지?'

결혼도, 그 사람도 나의 선택이었다. 내 선택이 틀리지 않았음을 스스로 증명하자.

완벽한 결혼 대신, 나다운 결혼

결혼은 우리가 함께
더 큰 세계를 만드는 시작이다.

알렉산더 스미스

환상 속의 결혼이 아닌, 우리의 결혼을 사랑하기

"그 뒤로 왕자와 공주는 오래도록 행복하게 잘 살았답니다."

동화는 늘 이렇게 끝난다. 사람들이 결혼에 대해 가진 환상은 《신데렐라》의 기여도가 크다고 본다. 동화 끝의 이야기가 이제 는 의심스럽다. 왕자와 공주도 그래봤자 사람이다. 성격 차이도 있었을 테고, 마음 상하는 일도 있었을 것이다. 왕자는 공주가 어떤 사람인지 제대로 겪어보지도 않고, 그냥 얼굴 보고 반해서 결혼했다. 신분 차이로 가치관이나 생활 방식도 차이가 있었을 것이다. 거기다가 신데렐라를 부려 먹던 친정 식구들이 조용히 살 리가 없다. 이런데도 과연 결혼생활이 행복하기만 했을까? 행복하게 잘 살았다 하더라도 분명 그 속에는 우여곡절이 있었을 것이다.

결혼하면 누구나 행복한 가정을 꿈꾼다. 불행하기 위해 결혼하는 사람은 없으니까. 하지만 매일 깨가 쏟아지는 부부의 모습만 그린다면 그건 환상일 뿐이다. 환상에서 벗어나지 않으면 배우자의 진가를 알 수 없다. 환상으로 마음의 눈을 가리면 바랐던 모습이 아니거나 기대와 다르다고 만족하지 못한다. 그렇게 되면 우리 결혼이 가진 장점과 개성을 볼 수 없다. 제발 국민 남편 최수종과 션은 잊자. 어떤 사람이든 직접 살아보지 않으면 모른다고 생각하는 게 속 편하다. 내가 그들의 아내처럼 할 수 없으면서 그런 남편만 바라는 건 아닌지도 생각해 봐야 한다.

세상에 무결점 결혼은 없다. 그저 다양한 모습의 결혼이 있을 뿐이다. 중요한 건 우리가 어떤 결혼생활을 원하는지 알고 그것에 맞게 그려나가고 있는지 파악하는 일이다. 부럽고 좋아 보이는 결혼이 있다면 분명 두 사람이 그런 모습을 만들기 위해 무던히 노력했을 것이다. 다른 부부 부러워하지 말고, 우리가 함께 만든 결혼이라는 작품을 감상하는 능력을 길러보자. 환상 속 결혼이 아니라 현실 속 우리의 결혼을 사랑하자.

우리가 만들고 싶은 결혼의 모습

사람은 알게 모르게 결혼과 배우자에 대한 많은 환상, 이상, 몽상을 갖는다. 부모님의 모습에서, 어느 날 봤던 드라마 장면에서, 그냥 좋아 보이는 누군가의 모습에서. 일부만 보고 저래야지 행복한 결혼이라거나, 저렇게 사는 게 화목한 가정이라고 쉽게 단정을 짓는다. 행복은 어떤 모습으로 갖춰지는 자격이 아니라 우리가 살아가면서 마음으로 만드는 창조적 산물이다. 특정한 조건을 갖추어야 행복할 수 있다고 생각하지 말고, 매일 내 마음으로 행복을 느끼며 살아야 한다.

잘 사는 부부의 모습도 수만 가지다. 매일 붙어 있고 진한 스킨십 하는 사이가 무조건 더 행복한 부부는 아니다. 우리의 기호와 성향이 중요하다. 적극적으로 표현하고 밀착된 관계를 선호하는 부부가 있고, 적당한 거리를 편안해하고 그것을 사랑으로 느끼는 부부도 있다. 부부는 이래야 한다는 정답이 있지 않기 때문에 서로의 욕구와 스타일을 파악하는 게 무엇보다 중요하다. 우리 부부는 낮에는 무소식이 희소식 스타일을 추구한다. 대신 퇴근해서 함께 있을 때는 서로에게 집중하기를 원한다. 오늘 어떻게 지냈는지 상황을 공유하고 마음을 나누는 시간을 중요하게 여긴다.

반면에 또 다른 부부는 하루 종일 문자 메시지를 주고받는다. 밥은 뭐 먹는지, 지금 뭐 하고 있는지, 서로 알고 싶어하고 또 알려주는 게 그 부부의 즐거움이자 행복이다. 정답이 있는 게 아니라 모두 다를 뿐이다. 결혼 안에서는 두 가지 모습이 모두 필요하기도 하다. 사람이 매일 같은 포지션만 유지하며 살 수도 없고 그렇게 사는 게 재미도 없으니까. 가끔 변화를 주며 살아도 좋다. 중요한 건 다른 사람과 비교하지 않는 마음이다.

행복한 결혼, 화목한 가정이라는 정의는 자기 안에 있다. 멋져 보이는 동화 속 왕자, 드라마에 등장하는 예쁜 커플, SNS 속 잘사는 가족을 보며 그것과 비교하지 말자. 멀쩡하고 충분히 훌륭한 내 결혼을 깎아내리는 일이다. 우리가 가진 소중한 부분을 놓치지 않기를 바란다. 옆집 남자, 내 친구 남편과 비교하는 순간 나는 사랑 받지 못하고 사는 불쌍한 사람으로 전락한다. 남자도 마찬가지다. 결혼해서 다른 여자와 비교하거나 마음속으로라도 아내 험담은 금물이다. 평생이라는 시절을 걸고 내 곁에 있겠다고 결심해 준 것만으로도 최고의 여자다.

완벽한 결혼도 완벽한 사람도 없다

비교를 내려놓으면 모든 부부는 각자 고유하게 잘 살 수 있다. 세상에 완벽한 사람 없고, 완벽한 결혼도 없다. 완벽은 그 어디에도 없다는 걸 기억해 보자. 인간은 스스로 완벽하지 않다는 걸 안다. 그래서 하나보다는 둘이 좀 나을 줄 알고 결혼한다. 하지만 결혼하면 나의 부족함은 더욱 생생히 드러난다. 그걸 모르고 결혼하는 게 인간이니, 얼마나 허술한가.

어차피 완벽하지 않고 완벽할 수도 없는 게 인간이라면 두 사람이 가진 빈틈의 대격돌과 흔들림을 아름다운 춤으로 바라보는 건 어떨까. 인간은 결점이라는 신의 선물을 가지고 태어났다. 빈틈이 없었다면 노력도 없을 것이고, 타인을 이해하지도 못했을 것이다. 완벽하지 못한 너와 나의 빈구석을 인정하고 함께 살면서 도움 주고받는 기쁨을 누려보자. 결혼 덕분에 불편을 수용하고 사랑을 실천할 기회와 능력을 얻게 되기도 하니까 말이다.

결혼은 달콤한 드라마가 아니라 정겨운 다큐멘터리다. 특별한 이야기가 없어도 유일해서 특별한 이야기다. 남의 결혼은 대단해 보이고 내 결혼만 하찮아 보이지만 자세히 보면 순간순간이 감동인 우리의 소중한 삶이다.

완벽한 결혼을 배우자에게도 나 자신에게도 강요하지 말자. 결혼에 대한 환상도 배우자에 대한 이상도 모두 리셋하자. 우리의 행복을 방해할 뿐이다. 결혼을 시작함과 동시에 백지를 들고 새로운 그림을 그려야 한다. 우리만의 고유한 결혼을 아름답게 그려보자. 행복한 결혼의 정의는 우리가 만든다. 살림을 잘 하지 못해도 괜찮고, 가족을 잘 챙기지 못해도 괜찮다. 처음부터 모두 잘하려고 하지 말기. 중요한 건 나 자신을 챙기고 존중하는 것. 그리고 '우리'가 되는 것에 애정을 기울이는 것이다.

우리는 결혼의 공동주인

결혼의 행복은 무언가 둘의 힘으로 이루어 나가는
성취감의 공동체 의식이 가장 중요하다.

톨스토이

우리를 위한 결혼 준비

결혼 준비는 휘둘림의 연속이다. 세상의 기준, 어른들의 눈치, 친구들과의 비교 등 내가 보고 듣고 기대하는 것들로부터 자유롭기가 어렵다. 인생에서 중요한 사건이고 잘 살고 싶은 마음이 크니 당사자도 주변 가족도 힘을 많이 쓴다. 하지만 결혼은 철저히 우리가 기준이 되어야 한다. 어떤 선택을 하든지 그것에 만족하고 행복을 느끼는 건 우리니까. 보여주고 싶은 결혼을 하면 원하는 결혼을 할 수 없다. 스트레스받거나 주변 반응을 의식하느라 힘들어질 가망성이 크다. 더 슬픈 건 결혼 준비하면서 만들어가는 순간순간의 행복도 느끼지 못한다는 사실이다.

결혼 준비는 우리가 어떻게 하면 잘 살 수 있을지를 고민해서 그것에 맞게 준비하는 일이고, 우리 미래를 위해 의식을 거행하고 기쁨과 축하를 주변 사람들과 나누는 일이다. 남들 생각이 아니라 우리 생각이 중요하고, 어떤 식으로 진행하든지 우리가 괜찮으면 괜찮은 거다. 보여주기 위해서 하는 것도 아니고, 남이 부러워한다고 내가 행복해지지도 않는다. 다른 사람들이 우리 결혼식에 관심을 두는 것도 잠시다. 호화 결혼식을 하든 반지만 주고받든, 시간이 지나면 다 잊는다. 하지만 우리 두 사람은 영원히 기억한다. 멋진 결혼이라고 판단하는 것도, 부족한 결혼이라고 판단하는 것도, 모두 개인의 평가일 뿐이다. 중요한 건 지금 이 결혼을 주인공인 두 사람이 편안하게 느끼고 만족스러워하냐는 것이다.

나는 결혼할 때 어른들이 알려주고 시키는 일들을 모조리 따랐다. 당연히 평화를 위해서였고 내 가정의 행복을 위해서였다. 더 큰 이유는 우리가 판단하고 선택할 수 있는 일이라는 생각 자체를 하지 못했기 때문이다. 어디서 들은 말들, 친척·이웃집에서 해준 얘기들, 누가 시작했는지도 모르는 유교 문화를 따르느라 진을 뺐다. 의미 없이 주고받았던 예단값, 장롱에 처박힌 예물, 입을 일도 없고 쓰지도 않는 한복과 혼수를 생각하면 웃음이 난다. 나도 남들 다하는 리스트 채우느라 바빴구나 싶어서.

예전에 비해 전통 예식은 많이 생략됐지만, 요즘은 나만의 특별한 결혼 만들기가 성행이다. 스몰 웨딩, 콘셉트 웨딩 등 고민하는 것도 만만치 않다. 전문 행사 못지않게 준비하고 연예인 뺨치는 축가 무대 만드느라 바쁘다. 예전에는 없던 브라이덜 샤워(예비 신부를 기리기 위해 열리는 결혼식 전 파티)도 생겼다. 나만 하지 않을 수 없으니 챙기게 된다. 별것 아닌 이 작은 선택들이 결혼의 주인이 누구인지 구분할 수 있는 하나의 척도가 된다. 내 안의 이유로 하는 건지 우리가 원하는 형식 인지, 나 자신과도 배우자와도 충분히 이야기 나누고 선택과 집중을 하자.

좋은 정보를 듣고 적절히 선택하는 것과 들리는 말마다 휘둘리는 것은 다르다. 주체성을 갖지 못하면 결혼이라는 배는 그 즉시 내가 원하는 행복과는 다른 방향으로 항해한다. 특히 어른들의 기대에 부응하기 시작하면 조연이 되기 쉽다. 가족의 기대가 있더라도 그 부분을 맞출 것인지 말 것인지, 감당할 수 있는지 없는지, 결정의 주체가 되어서 생각하고 선택해 보자. 결혼 안에서 벌어지는 모든 일의 결정권은 우리에게 있다. 이 결혼은 우리가 주인공이고 모든 건 우리가 직접 결정한다.

결혼의 주인공은 '부부'

한국 사회는 공동체 성향이 강하다. 그래서 다른 나라에서는 잘 사용하지 않는 '우리 가족', '우리나라' 같은 표현을 자연스럽게 쓴다. 그러나 코로나19 이후 세상은 급격히 변했다. '나노 사회', '핵개인'이라는 단어가 공공연하게 쓰인다. 공동체보다 개인이 더 중요한 시대가 온 것이다. 개인의 취향과 기호가 중요하고 나의 만족과 내 삶의 질을 우선시한다. 개인주의 사회다. 이것은 자기 이익만 중시하는 이기주의와는 다르다. 오지랖이 관심과 사랑으로 여겨지던 시대는 떠나고, '나도 너를 존중할게, 너도 나를 존중해', '나는 이런 스타일이고 너는 그런 스타일'. 이처럼 자신의 고유성을 지키며 살아가려는 움직임이 시작되었다. 개인의 가치관 변화로 결혼과 가족에 대한 관념도 바뀐 것이다.

세상이 변했으니 그냥 혼자 사는 게 정답일까? 당연히 아니다. 그것은 어디까지나 개인의 선택일 뿐이다. 이런 시대가 왔음에도 결혼을 선택한다면, 이전 세대와는 다른 '똑똑한 결혼 준비'가 필요하다. 이제는 더욱 신중하게 결정하고 사유해야 한다.

부모님의 가부장 가정문화를 그대로 답습해도 문제고, 결혼해 놓고 자기만 생각하면서 살아도 문제다. 결혼은 두 사람이 공동의 주인이 되어, 한 가정을 함께 지키고 이끌어가야 하는 삶이다. 다른 어떤 것보다 이것이 가장 어렵다. '백지장도 맞들면 낫다'라는 말이 있지만, 그건 어디까지나 두 사람의 마음이 같은 방향으로 향할 때의 일이다. 서로 뜻이 다른데 맞들면 백지장은 바로 찢어진다. 혼자 드는 것보다 못한 상황이 펼쳐진다. 한 사람이 끌고 다른 한 사람은 따르거나, 일방적으로 기대거나 한쪽에서 맞춰주는 건 '우리'가 주체가 되었다고 할 수 없다. '우리'라는 새로운 모습을 갖추기 위해서는 각자의 지금 모습에서 더하기와 빼기가 필요하다.

우리가 되는 일은 생각보다 어려운 일이다. 연애할 때를 떠올려보자. 데이트나 사건을 주도했던 건 누구였는지, 문제가 생겼을 때 해결해 왔던 건 누구였는지, 사소한 일이라도 둘 다 의견을 내고 조율해서 합의 후 결정했는지 점검해 보기 바란다. 밥집 정하던 방식 하나가 평생 견뎌야 할 삶의 방식이 될 수도 있으니 말이다.

결혼은 평생 하는 2인 3각 경기

초등학교 운동회 때 2인 3각 달리기를 한 적이 있다. 내 한쪽 다리를 다른 사람의 한쪽 다리에 묶고 함께 달리는 경기다. 이 경기가 신기한 게 머릿속으로는 그냥 달리면 될 것 같은데 막상 해보면 그 어떤 경기보다 어렵다. 내 몸을 조절하면서, 그 호흡을 상대방과도 맞춰야 하기 때문이다. 의지만 앞서면 자꾸 발이 엇갈리고 넘어진다. '하나, 둘, 하나, 둘' 구령을 붙이며 두 사람이 속도와 박자와 방향을 잘 맞춰야 넘어지지 않고 끝까지 달릴 수 있다.

결혼은 평생 하는 2인 3각 경기다. 호흡을 맞추지 않으면 고꾸라질 확률은 100%. 이제 넘어지면 혼자가 아니라 같이 넘어진다. 다쳐도 같이 다친다는 말이다. 가고 싶은 곳으로 혼자 막 달려도 안 되고, 내가 잘 한다고 더 빨리 달려도 곤란하다. 함께 호흡을 맞춰 달리는 건 어려운 일이다. 어렵기 때문에 갈등이 생기고 때론 서로에게 화살을 겨냥하기도 한다. 그래서 이 경기의 승자는 빨리 뛰는 사람이 아니라 즐겁게 뛰는 사람이다. 결승점이 따로 있는 게 아니므로 함께 뛰는 것 자체를 즐겨야 한다. 두 사람의 몸이지만 한 몸이 되어 달리는 쾌감을 오롯이 만끽해 보자. 이 사람과 같이 있을 때가 행복해서, 함께 더 행복하고 싶어서 결혼했다는 사실을 기억하면서.

Part 2

홀로서야
결혼의 주인이 된다

새로운 가족의 탄생

가족이란 네가 누구 핏줄이냐가 아니야.
네가 누구를 사랑하느냐는 거야.

트레이 파커

우리 가족은 '나'와 '너'

어느 날 친구 J와 통화를 하다가 가족 이야기를 나누게 되었다. J는 씩씩대면서 이렇게 말했다.

"아니, 왜 우리 가족이라고 할 때 자꾸 시댁을 끼워서 얘기하는지 모르겠어. 우리 가족은 우리 셋이지 왜 시댁이 우리 가족이냐고 말하면 막 화를 내. 구분 똑바로 하라고 몇 번을 말해도 자기는 그렇게 생각 안 한데. 그럴 때마다 남편이 너무 싫어."

가족의 구분과 기준이 누구에겐 대수롭지 않은 문제지만 누구에게는 자신의 존속 문제로 이어져 매번 스트레스를 겪기도 한다. 친구의 남편은 결혼해서 가족이 더 늘어난 것이니 모두 우리 가족이라고 하는 게 당연하다고 생각한다. 반면에 내 친구인 아내는 시댁 식구는 별도라고 생각한다. 그래서 우리 가족이라고 부를 수 있는 건 자신과 남편, 아들 이렇게 셋뿐이다.

부부가 가진 가족의 개념이 다르면 말 토씨 하나로도 싸울 일이 생긴다. 별일 아니라고 생각하면 오산이다. 결혼 전에 제대로 짚고 출발해야 할 아주 중요한 별일이다.

결혼과 동시에 가족은 새롭게 구성된다. 내가 여태껏 '가족'이라고 생각하고 살았던 가족은 출가하기 전의 가족을 일컫는 말인 '원가족'이 된다. 그리고 나는 배우자와 함께 새로운 우리 가족인 '핵가족'을 만든다. 가족에 대한 개념 정리가 중요한 이유는 가족도 관계로 이루어진 공동체이기 때문이다. 우선순위가 중요하고 건강한 경계가 필요하다. 앞서 말했던 것처럼 결혼이란 남녀가 정식으로 부부관계를 맺고 새로운 가정을 만드는 일이다. 결혼이라는 새로운 판이 벌어졌다는 말이다. 새 술은 새 부대에 담아야 한다. 결혼과 동시에 내 삶은 이제 내가 꾸린 가정을 중심으로 운영된다. 내가 이 가정의 주인이므로 우선순위도 새로운 우리 가족인 핵가족이 된다. 그래서 결혼하면 원가족과 분리하고 삶의 중심을 나와 배우자, 곧 태어날 수도 있는 자녀로 바꾸어야 한다. 결혼하면 기존 가족에 구성원이 한 명 더 소속되는 것처럼 여기는 사람이 많다. 절대 그래선 안 된다. 결혼이란 배우자를 가장 중요한 존재로 두고 살겠다는 약속이자 책임이므로 테두리를 잘 지어야 한다.

가장 좋은 사례는 부모가 먼저 자녀에게 독립을 알려주는 가정이다. 자식이 결혼하면 부모는 아쉽고 섭섭하다. 그 마음 충분히 이해한다. 하지만 그건 진짜 부모 역할이 무엇인지 숙고하지 않아서 생기는 마음이다. TV 프로그램 〈금쪽같은 내 새끼〉로 유명한 정신건강의학과 전문의 오은영 박사는 "육아의 목표는 아이를 독립시키는 것이다."라고 말했다. 자녀에게 사랑을 주는 건 당연한 일이지만 사랑'만' 주면 많은 걸 놓칠 수도 있다. 어릴 때부터 아이가 스스로 할 수 있는 것들을 조금씩 독려하고 자립의 힘을 길러주는 게 부모의 역할이다. 나는 육아 목표를 위한 부모의 마지막 역할이 결혼을 앞둔 자녀에게 독립된 가족임을 선포하는 일이라고 생각한다. 다 자란 새끼 새가 둥지에서 날아오를 수 있도록 도와주어야 한다. 쉽진 않겠지만 꼭 해야 할 일이다. 잘 기른 자녀를 부모 품에서 떠나보내는 건 커다란 기쁨이자 가장 큰 사랑이다.

핵가족이 중심이 되어야 한다는 말이 원가족과 결별하라는 말은 아니다. 내 가족이 우선이니 원가족은 신경 안 써도 된다는 말도 아니다. 부모님과 지금껏 가졌던 관계와는 다른 관계 맺음이 필요하다는 말이다. 어떤 결정을 할 때 부모님 말씀에 무조건 따르는 게 아니라 이제는 배우자와 의논해서 결정해야 한다. 명심하자. 시댁·친정 이야기하면서 '너희 집', '우리 집' 이렇게 말하기 없기다. 여기가 우리 집이고 '나'와 '너'가 우리 가족이다.

내가 잘해야 할 사람은 부모님이 아닌 배우자

결혼 준비가 시작되자 시어머니는 이미 가족이 된 것처럼 나를 대하셨다. 밥도 더 자주 먹자고 하시고 말도 점점 편하게 하셨다. 가끔은 착각이 되기도 했다. '이게 딸처럼 대한다는 건가' 싶어서. 어릴 때 엄마를 일찍 떠나보낸 나로서는 그런 시어머니가 싫지 않았다. 어머니와 잘 지내고 싶어서 좋은 모습을 보이려고 애를 썼다. 그런데 시간이 지날수록 기대와 다른 상황이 펼쳐졌다. 아무리 노력해도 어머니를 만족시킬 수 없었다. 말 잘 듣는 부부가 되었더니 요구는 끝이 없었다. 결국 우리는 노력을 멈추었다. 왜냐하면 어머니께 맞추려 할수록 자꾸 우리 부부가 싸우는 날이 잦아졌기 때문이다.

몸과 마음이 힘들면서 그걸 서로에게 쏟아냈다. 마음을 알아주고 해결을 모색해도 모자랄 판에 원망하고 미워하느라 시간을 썼다. 정중하게 할 말을 하지 못하고 휘둘린 우리의 잘못이었다. 줏대 없는 부부는 오랜 시간 헤매면서 서로에게 상처를 주었다. 좋은 아들·며느리가 되려다가 마음이 너덜너덜해졌다. 사랑해서 결혼했는데 사랑하는 그 사람을 방치했고, 서로를 돌보지 못한 죄는 너무도 컸다. 우리는 각자의 이유로 불행해졌다.

결혼하면 부모님께 잘 보여야 한다는 생각에 이런저런 노력을 하게 된다. 그런데 문제는 넓은 의미의 가족에게 많은 신경을 쓰다가 정작 진짜 내 가족인 배우자와 갈등이 생기게 된다는 것이다. 내가 먼저 잘해야 할 사람, 내가 진짜 잘 보여야 할 사람은 양가 부모님이 아니라 내 배우자다. 극단적으로 말해서 아무리 시댁, 친정 부모님이 몹쓸 짓을 한다고 해도 배우자가 내 편이면 문제없다. 그런데 부부가 서로의 편이 되어주지 못하고 한 팀이지 않으면 결국 문제가 생기고 해결도 힘들다. 원가족이 우리 가정에 영향을 끼치지 않는 건 아니지만, 우리 가족의 행복을 좌우하지는 않는다.

부부관계의 질이 결혼의 질을 결정한다. 결혼해서 잘 사는 사람들은 운이 좋아서 그런 게 아니다. 자기중심이 잡혀 있어서 무엇이 '우리 가족'을 위한 일인지 잘 알기 때문이다. 그들은 어떤 결정이나 일을 할 때 어쩔 수 없이 하지 않는다. 스스로 선택하고 결정하며 산다. 그러니 마음만 먹으면 누구나 잘 살 수 있다는 말이다. 우리 부부는 애만 쓸 줄 알았고 중심이 없었다. 그리고 진짜 중요한 서로를 두고 부모님께 더 잘하려고 했다. 그렇게 주객이 전도된 결혼생활을 하고 괜히 결혼만 원망했다.

애매모호한 자세로 부모님을 희망 고문 하지 말자. 사랑이라는 이름으로 서로를 다치게 하지 말자. 처음부터 출가외인임을 인지하실 수 있도록 우리가 도와드리자. 자식은 부모님이 낳으신 귀한 아들, 딸이지만 그렇다고 부모님의 소유가 아니다. 자식은 한 인간으로서 독립적인 인격체다. 다 큰 성인으로 부모님의 슬하를 벗어났으며 이미 둥지를 떠나 다른 둥지가 생겼다. 내가 결혼해서 주도적으로 살수록 부모님이 나를 잘 키웠다는 증거가 된다. 소중한 나의 부모님이 쓸데없이 자식 신경 쓰느라 스트레스를 받지 않도록 도와드리자. 새로운 관계가 처음에는 서로 낯설겠지만, 서서히 받아들이게 될 것이다. 그리고 서로가 마땅히 받아들여야 하는 일이다. 내 가족은 배우자고 내가 가장 잘 보여야 할 사람도 배우자라는 것을 잊지 말자.

건강한 분화가 행복한 결혼의 시작

가족으로부터 자신을 더 많이 분화할수록,
그 사람은 더 많은 자아가 된다.

머레이 보웬

결혼하기 전에 자기분화가 먼저다

"내 아들 뺏어 간 나쁜 것."

"내가 너를 어떻게 키웠는데."

어디 매뉴얼이라도 있는지 똑같은 말이 여기저기 돌고 돈다. 드라마에서도, 예능 프로그램에서도, 온라인 육아카페에서도, 때론 내 집 안에서도 심심치 않게 들을 수 있는 말이다. 사랑하는 사람과 결혼했을 뿐인데 부부는 '배신자 아들'과 '도둑 며느리'가 된다. 도대체 왜 이런 현상이 벌어지는 걸까? 거기에 대한 해답은 보웬을 통해 실마리를 찾을 수 있다.

정신과 의사이며 다세대 가족 치료자인 머레이 보웬은 가족이 건강하려면 가족 구성원들의 분화가 잘 이루어져야 한다고 주장했다. '자기분화'는 한 개인이 자신이 속한 가족으로부터 분리하는 정도를 의미한다. 정신 내적으로는 사고와 감정을 분리할 수 있는 능력을 말하며, 대인 관계적으로는 자신과 타인 사이의 분화를 의미한다. 결국 가족이라는 울타리 안에서 서로 건강하게 사랑하기 위해서는 자기분화가 잘 이루어져야 한다는 말이다. 가족이 함께 의지하고 격려하며 살아가되, 홀로서기가 제대로 되지 않으면 원활한 교류가 어렵다. 자식이 사랑하는 사람을 만나서 결혼했는데도 축하하는 마음으로 독립시키지 못하거나, 결혼해서 새로운 가정을 꾸렸는데도 계속 부모님께 의지하려고 하는 건, 모두 분화 수준이 낮아서 생기는 현상이다.

분화 수준이 비슷한 사람과의 결혼

참 아이러니하게도 부부가 만날 때 분화 수준이 비슷한 사람끼리 만난다는 이야기가 있다. 처음 이 말을 들었을 때 절대 아니라고 생각했다. 나는 어릴 때부터 할 일은 스스로 하는 편이었고 부모님께 의지하지 않고 독립적으로 자랐다고 생각했기 때문이다. 그런데 남편과 이야기를 오래 나누고 내가 부모님과 맺어온 관계를 살펴보면서 그 말이 맞다는 걸 알았다. 남편은 외동아들에 부모님의 이혼으로 한부모가정에서 자랐다. 그래서 시어머니에게 가족이라곤 남편뿐이었고 아들에게 대놓고 사랑을 바라진 않으셨지만, 통제가 심했다.

"너희는 내가 시키는 대로만 하면 된다."

이 말이 결혼해서 가장 많이 들은 말이었다. 남편은 늘 엄마가 시키는 대로 했다. 그게 싫을 때도 있었지만 아무 결정을 하지 않아도 되니 오히려 편할 때도 있었다고 한다. 문제는 그런 방식을 미혼이 아닌 결혼해서까지도 그러시니 결국 갈등이 생겼다. 어머니는 내 자식을 내 마음대로 하는 게 당연한 사람이었다. 모두 자식을 위해서 한 일이었고 그게 어머니표 사랑이었을 테다. 분화 정도보다는 융합 정도가 커서 나타난 관계 양상이다.

반면에 나와 동생은 늘 아빠를 걱정하고 챙기며 살았다. 다행히 할머니가 계셔서 밥 굶는 일은 없었지만, 우리 집 금쪽이는 아빠였다. 아빠는 배우자와의 사별과 IMF 명예퇴직을 동시에 겪은 뒤 삶을 포기한 듯 사셨다. 돌아가시기 전인 20년 동안 매일 술을 마시며 제대로 된 일도 하지 못하고 사셨다. 상황이 이러니 우리는 일찍 철이 들 수밖에 없었다. 부모의 잔소리를 듣기보다 부모를 걱정하며 사는 사람이 되었다. 그냥 가족에 대한 사랑이 깊어서 그렇다고 생각했다. 하지만 돌이켜 생각해 보니 결혼해서도 여전히 아빠와 분리되지 못한 삶이었다. 결혼해서 이제 좀 걱정 없이 살아보나 싶었을 때 아빠가 아프셔서 어린 첫째를 데리고 함께 병원 통원 치료를 다녔다. 둘째를 임신했을 때는 암 진단을 받으셔서 어쩔 수 없이 아빠를 모시고 살면서 치료를 도와야 했다. 그러다 아빠가 돌아가셨고 또다시 맞이한 슬픈 현실을 받아들이기 힘들어서 한참을 헤맸다. 결국 나는 결혼 후에도 온전한 내 삶 없이 친정 식구에 매달려 산 셈이었고, 남편 못지않게 원가족과의 분화가 제대로 되지 못했다는 사실을 뒤늦게 깨달았다.

인간은 부모에게서 태어나지만 독립된 한 개인으로 자란다. 그 아이만의 삶이 있다. 가족이라는 울타리에서 사랑과 보호를 받으며 자라지만, 그 속에서 '나'라는 개별성을 키워나가야 한다. 아무리 사랑하더라도 가족이 나는 아니며, 나라는 개별성과 고유성, 가족과의 연결성과 연합성이 균형 있게 조화를 이루어야 한다. 그럴 때 인간은 나 아닌 타인이라는 또 다른 개체와 정

서적인 유대감을 가질 수 있고, 내 삶의 주인인 나로서의 자율성
도 기르게 된다. 개별성을 적절히 기르지 못하면 역할에만 충실
하게 되거나 사람 대 사람으로서의 경계가 불분명해진다. 또는
반대로, 가족과 연합하지 못해서 지지와 교류, 심리적인 안정감
을 이루지 못한다. 그런 사람은 건강한 분리가 아니라 단절된 삶
을 살기도 한다.

원가족의 가족 분화 살펴보기

지인에게 황당한 이야기를 들었다. "요즘 아들 대학 리포트
점수 때문에 학교에 직접 전화하고, 딸 인사고과가 왜 안 좋냐고
직장에 직접 따지는 부모도 있더라. 그런 일이 어떻게 있냐고 말
도 안 된다고 생각했는데 그 말도 안 되는 일이 흔한 일이래."

이런 가정은 가족 분화가 잘 되었다고 할 수 없다. 자식이 결
혼해도 계속 돌보는 것이 부모의 역할이라고 생각하는 경우다.
분화 정도가 한 번에 높아지지는 않겠지만 최소한 서로 노력하
는 건 필요하다. 우리 부모님이 나빠서 그런 게 아니라 분화에
대해 몰라서 분리하지 못하고 살아오셨을 것이다. 지금껏 잘 키
워주셨던 것에 감사한 마음을 전하면서 새로운 정보를 알려드

리자. 서로를 위해 건강하게 분화할 수 있도록 천천히 새로운 관계를 정립해 보자. 우리가 부모님을 바꿀 수는 없다. 하지만 우리가 먼저 달라질 수는 있다. 자녀가 달라지면 부모도 그 영향을 받고 달라진다.

원가족과의 분화를 위해 이런 생각들을 해보면 도움이 된다.

1. 나는 그동안 원가족 안에서 어떤 역할자가 되어왔는가?
2. 우리 부모님의 양육 방식은 어떠했는가?
3. 가정 내 권력이나 문제 해결 방식은 어떻게 이루어졌는가?
4. 각 가족 구성원의 개별성 정도는 어떠한가?
5. 가족 구성원 간의 친밀도나 의존도는 어느 정도인가?
6. 구성원 모두가 자신의 목소리를 내고 긍정적 논의와 협력을 했는가?

부부 각자의 원가족 분화 정도를 파악하고 이야기해 보자. 가족 분화가 충분하지 않더라도, 현재의 상태를 알고 출발하면 대응하고 해결할 수 있다. 고슴도치 자식을 떠올려보자. 추워서 가까이 다가가면 서로의 가시에 찔려 아프고, 너무 멀리 떨어지면 추위를 견디기 힘들다. 붙었다 떨어졌다 반복하면서 서로를 지킬 수 있는 적당한 사랑의 거리를 찾는다. 우리 가족도 그럴 수 있다.

결혼 전에 필요한 4가지 독립

당신이 사랑하는 사람들로부터
진실로 존중받기를 원한다면,
당신은 그들 없이도 생존할 수 있다는 걸
그들에게 증명해야 한다.

마이클 베시 존슨

여러분은 독립하셨습니까?

결혼해서 새로운 가정을 꾸리면 반드시 해야 할 4가지 독립이 있다. 바로 물질적 독립, 물리적 독립, 정서적 독립, 정신적 독립이다. 네 가지 독립은 개별적이면서도 서로 유기적으로 영향을 주기 때문에 균형 있게 잘 이루어져야 배우자와 한 팀이 되어 독립된 가정을 이끌어 갈 수 있다.

정신과 전문의 양재진 의사는 tvN 프로그램 〈어쩌다 어른〉

에서 "어른은 부모로부터 반드시 독립해야 하며 경제적 독립이 되어야 정신적, 신체적 독립도 가능하다."라고 말하며 독립의 중요성을 언급했다. '돈'은 인간이 살아가는 데 필요한 도구다. 삶의 질을 높여주고 원하는 삶을 살 수 있도록 돕는다. 하지만 대한민국의 현실은 돈이 도구가 아니라 목적이다. 돈을 위해 살고 돈이 삶의 기준이다.

비교하는 삶에 익숙해져서 눈은 점점 높아진다. 그래서 성인이 되어도 경제적 독립을 늦춘다. 더 많은 스펙을 쌓고 더 좋은 직장을 갖기 위해서이다. 나중에 더 큰돈을 갖기 위해 정작 중요한 독립은 뒷전으로 미룬다. 하지만 돈을 위해 성인으로서의 삶을 저당 잡아 놓고 부모에게 도움받는 것을 당연하게 여기면 그로 인해 물리적 독립까지도 늦춰지고 자연스럽게 집안일이나 가정 관리 역시 내 몫으로 여기지 않는 삶을 살게 된다. 경제적 독립은 단순히 돈에 한정된 일이 아니다. 주체적인 경제활동을 통해 습득하는 다각적인 성장에 관한 문제다. 경제적 독립을 통해 책임감을 배우고 자기 효능감도 키운다. 내 손으로 돈을 벌어서 관리하고 쓰는 기쁨을 느껴야 삶을 꾸려가는 행복도 누릴 수 있다.

또 다른 한 편으로는 정서적, 정신적 독립을 하지 못하니 경제적 독립이 늦춰지기도 한다. 인간은 사춘기라는 큰 변화를 겪으며 청소년기부터 정서적 독립을 이루기 시작한다. 혼란의 시기를 통해 자기를 들여다보고 가치관을 세우며 마음과 정신의 주인이 된다. 정서적, 정신적 독립이 이루어져야 물리적 독립도 당연하다고 여길 수 있을 텐데 그러지 못하니 계속 부모에게 의지해서 산다. 초점이 자립이 아니라 돈이 되니 돈을 더 모으기 위해 부모가 학업을 계속 뒷바라지해 주거나 결혼해도 부모님 집에 얹혀사는 경우가 생긴다.

결혼은 풍족하게 잘 사는 것도 물론 중요하지만, 우리가 스스로 살아가는 경험을 쌓는 것도 중요하다. 어려운 시기를 겪고 풍파도 이겨내며 비로소 인생의 주인이 되기 때문이다. 함께 이겨낸 경험이 재산이고 그런 시간이 부부간에 사랑과 신뢰를 쌓도록 돕는다. 독립하지 못하면 결혼해서도 비교하는 삶에 머물고 우리가 살고 싶은 삶을 궁리하기보다 자꾸 남들 따라 살기 바쁘다. 그런 삶은 자족할 수 없다. 스스로 독립하고 비교 의식에서 벗어나야 결혼해서 내면을 풍요롭게 채울 수 있다.

나의 세계를 가지려면 먼저 알을 깨야 한다

"새는 알에서 나오려고 싸운다. 알은 곧 세계이다. 태어나려고 하는 자는 하나의 세계를 파괴하지 않으면 안 된다." 이 문장은 헤르만 헤세의 유명한 소설 《데미안》의 한 구절이다. 새는 자신을 자라도록 보호해 주었던 알을 깨고 나오기 위해 최선의 몸부림을 친다. 왜냐하면 성장했기 때문이다. 내 몸과 하나처럼 여겨졌던 알에서 벗어나 새로운 세상으로 향하기 위해서는 기존의 세상인 알과 싸우고 그것을 부수어야 한다. 새를 빗대어 이야기했지만 결국 인간의 변화와 성장에 관한 이야기다. 필수 불가결인 일이고 반드시 스스로 해야 할 과제다. 내가 나로 살아가기 위해서는 부모라는 알에서 벗어나야 하고 나도 모르게 내 것이 되어있는 관념의 알에서도 벗어나야 한다.

어차피 결혼과 상관없이 누구든 다 자란 성인이라면 삶을 스스로 살아야 한다. 어릴 땐 마땅히 보호받아야 하지만, 성인이 되면 다른 사람의 보호 없이도 내 삶을 살 수 있다. 독립은 선물이다. 알에서 깨어나 날개를 퍼덕거리며 내가 가고자 하는 곳으로 멋지게 날아오르는 일이다. 안타깝게도 많은 사람이 독립을 두려워하거나 독립할 준비를 제대로 하지 못한 채 결혼한다. 독립은 홀로서기다. 홀로서기가 되지 않은 사람은 자신을 믿지 못하고 어떻게 살아갈 것인지 결정하는 것도 힘들다. 우리는 홀로

설 수 있을 때 자신의 인생을 진취적으로 살아가고, 사회 구성원으로의 역할도 잘 해낼 수 있다. 특히나 결혼은 나 아닌 다른 사람과 밀접한 관계를 맺으며 살아가는 일이다. 그렇기에 홀로라는 각자의 기둥이 견고하지 못하면 함께라는 지붕을 세울 수 없다. 나는 어떤 삶을 살 것인지, 나는 어떤 결혼을 해나갈 것인지 스스로 돌아보고 독립하자. 알을 깨고 둥지를 벗어나 멋지게 날아오를 기회는 내 손에 있다.

K-장녀, K-장남과 이별하기

K-장녀란, Korea의 첫 글자 'K'와 맏딸을 의미하는 '장녀'를 합친 신조어다. 형제 서열상 잘 참고, 잘 챙기고, 책임감 강한 사람으로 자랄 수밖에 없는 장녀들은 마음속에 날려 보내지 못한 감정들이 차곡차곡 쌓여 있다. 애쓰며 사는 게 습관이었으니 결혼해서도 온갖 애를 쓰다가 마음을 잃는다. 나는 결혼 전에 꼭 K-장녀와 효자 아들, 그리고 남녀를 불문하고 착한 사람 증후군에서 벗어나라고 말하고 싶다. 착하게 살지 말라는 게 아니라 그래야만 하는 강박에서 벗어나라는 말이다.

결혼해서 소중한 내 가정이 생기니 열심히 살아갈 수밖에 없었다. 해야 할 일은 넘치고 처리할 문제가 한도 끝도 없었다. 사소한 것부터 큰일까지 일과 일의 연속이었다. 결혼했더니 독립한 게 아니라 챙겨야 할 가족이 불어난 기분이었다. 내 가족 챙기기도 바쁜 데다가 친정 식구는 당연하고 시댁 식구도 챙겨야 했다. 그게 당연히 내가 할 일인 줄 알았다. 몹쓸 책임감 녀석 때문이었다. 그게 내가 할 수 있는 사랑이었고 그래야 내 존재감이 느껴졌다. 하지만 그건 서로 분리되지 못한 잘못된 관계일 뿐이다. 부모님의 인생과 내 인생을 분리할 수 있어야 한다. 부모님 말씀만 따르는 것도 독립하지 못한 거지만, 무조건 부모님을 챙겨야 한다고 생각하는 것도 독립하지 못한 상황이 될 수 있다. 그렇게 사는 것이 때로는 스스로 살아갈 수도 있는 서로의 삶을 방해하는 일이기도 했는데 나는 그걸 몰랐다.

원가족의 분화에서 이야기했던 것처럼, 사랑하는 사이라도 개별성과 연합성이 균형을 이루어야 한다. 부모님의 기쁨과 기대로부터도 자유로워지고, 부모님의 슬픔과 실망으로부터도 자유로워지자. 가족에 대한 은근한 기대가 있는 건 아닌지 가족에 대한 무거운 짐이 있는 건 아닌지, 내 마음자리를 돌아보자. 결혼보다 독립이 먼저다.

가정 학습에서 벗어나기

내가 존재하는 목적은
단 한 사람에게 필요한 사람이 되기 위해서이다.

비 파트낭

탯줄을 끊고 나로 태어나기

인간은 총 세 번의 탯줄을 끊고 비로소 '나'로 태어난다. 첫 번째는 세상에 처음 태어날 때 끊는 육체적 탯줄이다. 뱃속에서 태아와 산모는 한 몸이었다. 모든 영양분을 모체에서 받으며 고요하고 편안한 양수 속에서 성장한다. 하지만 시간이 지나면 아이는 그곳을 떠나야 한다. 다 자란 태아가 태중에 있으면 그때는 위험한 환경이 되기 때문이다. 겉으로 보면 엄마가 아기를 낳는 것 같지만, 사실은 엄마의 도움으로 아기 스스로 태어난다. 산모가 느끼는 고통보다 수십 배 더 큰 고통을 느끼며 산도를 통과해 세상으로 나온다. 하나의 몸에서 둘의 몸이 되고, 나와 엄마는 별개의 육체로 살아가게 된다.

두 번째는 사춘기 때 끊는 정서적 탯줄이다. 사춘기는 단순히 말썽부리는 시기가 아니다. 호르몬의 변화와 함께 자신을 새롭게 형성하는 시기다. 어릴 때는 양육자의 감정을 내 감정처럼 느낀다. 아직 '나'라는 정체성이 확립되지 않은 상태라서 가까운 존재인 부모와 감정이 연결되어 있기 때문이다. 질풍노도의 시기는 심리적 산도를 통과하는 것과도 같다. 힘들고 고통스럽지만, 그 과정은 성장의 순간임으로 반드시 겪어야 하는 일이다. 부모와 연결된 심리적인 탯줄을 당당히 끊고 고유한 나를 정립해 가야 한다. 가족은 성향과 기질에서 비슷한 점이 많지만, 나와 가족은 분명 다른 사람이다. 모든 사람은 세상에 하나뿐인 유일한 존재다. 우리는 그 유일성을 일깨우며 단단한 내 마음을 탄생시켜야 한다.

세 번째는 어른이 되어 끊는 정신적 탯줄이다. 성인이 되면 부모의 보호에서 벗어나 나만의 삶을 개척해야 한다. 내 인생이지만 아직 어떻게 살아야 할지 몰라 도움받고 의존하던 미성년자에서 세상의 정답이 아닌 '나의 답'으로 살아가는 어른이 되는 것이다. 태어날 때 울지 않은 사람 없고, 사춘기에 마음의 혼란 겪지 않은 사람 없다. 어른으로 넘어가는 과정도 마찬가지로 힘 듦이 있다. 어른이 되면 원하는 대로 살 수 있는 기쁨이 생기지만, 새로움 속에는 낯섦도 있다. 낯선 것은 원래 두렵다. 결혼을 앞둔 사람들이 '메리지 블루(Marriage Blue)'라는 불안감이나 우울감을 겪는 이유도 그래서다. 결혼이라는 낯선 세상을 맞이하는 문 앞에서 생기는 지극히 자연스러운 감정이다. 나만 이상한 게 아니라 당연한 과정이다.

원가족에서 형성된 나라는 사람

원가족에서의 부모 자녀 관계는 자녀가 결혼한 후에도 계속 이어지거나, 자녀의 새로운 가정에서 형성된 부모 자녀 관계에 영향을 미치기도 한다. 말 그대로 대물림된다. 원가족에서 성장하며 경험해 온 것들은 그 사람의 성격, 습관, 가치관 등 모든 부분에 영향을 주기 때문이다. 이 부분들이 모여서 세상을 살아가는 생활 양식을 만들게 되고 성인 이후로는 그 패턴 속에서 살아간다. 대부분 자신이 어떤 생활 양식을 가졌는지 모른 채 익숙한 방식대로 산다. 나는 그렇게 살아왔기 때문에 내 방식이 옳다는 생각을 고수한다. 왜냐하면 우리의 뇌는 익숙하지 않은 것은 위험으로 느끼기 때문이다. 하지만 내 방식만 고집한다면 결혼은 어렵다. 세상에는 다양한 생활 양식이 있음을 배우는 게 결혼이니까. 이처럼 성장하면서 원가족을 통해 무엇을 내면화했는지가 대인 관계와 결혼생활에 큰 영향을 미친다.

"나도 우리 부모님처럼 살아야지", "나는 절대 우리 부모님처럼 하지 않을 거야." 두 가지 모두 과거와 분리하지 못한 마음이다. 나와 부모님은 전혀 다른 사람이다. 결혼에 정답은 없으며 그 해답은 오직 부부에게 있다. 부부가 어떤 사람들인지에 따라서 결혼생활은 천차만별이 된다. 우리 엄마와 아빠이기에 그렇게 살았고, 그렇게 했던 결혼생활이다. 그 모습을 그대로 따라 하지도 말고, 무조건 틀렸다고 불신하지도 말자. 우리 두 사람에게 알맞은 방식을 찾으며 살아가면 된다.

부모는 부모, 나는 나

나는 '엄마'라는 단어를 떠올리면 곧바로 '프로 주부'라는 단어가 떠오른다. 어릴 적 내가 본 엄마는 가정을 위해 최선을 다하는 사람이었다. 내조 잘하는 아내이자 천사 같은 엄마였다. 늘

가족들 챙기는 게 1순위였고 삼시세끼와 간식까지 모두 손수 만들어주시는 살림꾼이었다. 우리 건강을 위해서 몸에 좋은 것은 아끼지 않고 챙겨주셨고, 학습지도까지 철저히 해주셨다. 게다가 주부로 살면서도 자신을 꾸미고, 운동도 게을리하지 않았으며, 책을 읽고 공부하는 모습까지 매일 보여주셨다.

어릴 적 보았던 엄마의 모습을 떠올리며, 엄마라면 원래 다 그래야 한다고 생각했다. 엄마의 그런 모습을 나도 모르게 따라 하려고 했다는 사실을 오랜 시간이 흐른 뒤에 깨달았다. 결혼하면 '나'라는 사람을 거쳐 우리 가정에 맞는 모습을 선택해야 하는데, 나는 무작정 엄마를 따라 했다. 나는 엄마와 다른 사람인데도 나다운 엄마가 되기보다는 엄마를 보며 배운 엄마의 역할을 하려고 애썼다. 그래서 늘 불성실한 아내, 부족한 엄마로 느껴졌다. 엄마의 모습과 나를 비교했기 때문이다. 엄마를 통해 '엄마다움'에 대한 수치심을 느끼며 살았다. 하지만 나에 대해 들여다보고 내가 어떤 장단점을 가졌는지 알기 시작하면서 나와 엄마는 전혀 다른 기질과 성격을 가진 사람이라는 걸 알게 되었다. 그 뒤로 프로 현모양처인 엄마를 모방하려는 마음을 내려놓고 나다운 아내, 나다운 엄마로 살기 시작했다.

반대의 경우도 있다. 어린 시절 가정에서 보고 경험했던 부모의 모습을 거부하며 절대로 닮지 않으려 노력하는 사람이다. 하지만 이것 역시 앞선 경우와 마찬가지로 문제를 초래한다. 내가 싫어했던 부모의 모습을 닮을까 봐 두려워하는 마음을 가지고 있으면 오히려 역설적으로 비슷한 행동을 할 확률이 높아진다. 게다가 그 행동은 자연스럽지 않아서 내가 감당할 수 있는 선을 넘어, 이상적인 부모의 모습을 보이려 할 때가 많다. 두려움을 바탕으로 한 행동은 결국 밖으로 드러나기 마련이고 그 사람을 소진시킨다.

사람은 사랑을 바탕으로 할 때 자연스럽고 건강한 행동을 할 수 있다. 결혼 전에 배우자의 역할이 무엇인지 이야기해 보고, 아빠와 엄마의 역할은 각각 어떠해야 한다고 생각하는지 함께 대화로 나눠보자. 두 사람이 어떤 가정에서 살아왔는지 서로의 이야기를 최대한 많이 나누면 좋다. 그 이야기 속에서 상대방을 이해하고 함께 살아갈 방법을 모색할 힌트를 얻을 수 있기 때문이다. 원가족과 연결된 과거의 삶에서 벗어나자. 가정에서 학습한 것은 모두 잊고 새롭게 선택해 보자. 나는 부모와 다른 사람이다. 부모처럼 살아야 할 필요도 없고, 부모처럼 살게 될까 봐 걱정할 필요도 없다. 내가 편하게 느끼는 내 모습으로 나만의 결혼을 만들면 된다.

연애라는 역사 속, 결혼이라는 희망

진짜 연애는 결혼생활을 시작하며 경험할 수 있다.
결혼생활은 모든 문화의 시작이며,
자신의 가치를 보여주는 최고의 무대다.

괴테

'우리'의 연애 돌아보기

결혼이라는 아름다운 미래를 앞두고 갑자기 왜 케케묵은 연애 이야기를 꺼낼까? '역사를 잊은 민족에게 미래는 없다'라는 말이 있듯이, 기억하지 않는 연애는 계속 되풀이될 수 있기 때문이다. 결혼을 앞둔 사람에게 연애는 이미 다 푼 시험지다. 시험을 다 쳤다고 룰루랄라 놀러 나갈 궁리부터 하는가? 공부 잘하는 사람은 오답 체크부터 한다. 과거의 실수를 제대로 알고 넘어가야 같은 실수를 반복하지 않고 다른 문제가 와도 자신 있게 풀

수 있다. 진정한 배움과 성장은 이 과정에서 일어난다.

결혼해서 잘 살고 싶다면 부부가 함께 우리 연애의 역사를 돌아보아야 한다. 어떤 추억을 쌓았고 어떤 갈등이 있었는지 살펴보자. 찬란했던 순간과 암흑의 순간 모두가 있었기에 지금의 우리가 있다. 길이가 길든 짧든 사연이 많든 적든 상관없다. 중요한 건 우리가 그것을 기억하는 일이다. 연애 시절 속에는 엄청난 데이터가 들어 있다. 돌아보면 비슷한 이유와 패턴으로 싸웠다는 걸 알 수 있다. 결국 앞으로도 비슷하게 싸울 수 있다는 말이다. 어떤 이유로 하필 그 순간에 싸우게 되었는지, 어떤 행동이 문제가 되었는지 자세히 살펴보자.

"결혼했는데 아직도 이래? 당신 정말 너무해."

"아……. 결혼해서까지 이러냐. 지겹다. 정말."

상대방에게 직접 말하지 않더라도 속마음으로는 충분히 할 수 있을 법한 말이다. 서로 상처받는 건 둘째로 치고, 내용을 잘 살펴보면 여기에는 오류가 숨어있다. 바로 '결혼하면 안 그러겠지'라는 커다란 착각이다. 결혼한다고 해서 갑자기 사람이 바뀌지는 않는다. 오히려 더 편하게 그럴 것이다. 문제가 있다고 생각한다면 서로 충분히 이야기해서 결혼 전에 미리 바꾸어야 한다. 오래된 습관을 바꾸는 건 쉽지 않지만, 다른 방식의 행동을 반복해서 새로운 길을 만들면 된다. 포기하지만 않으면 새 길은 반드시 생긴다.

결혼하면 연애 때는 보지 못했던 서로의 숨겨진 모습을 마주하게 된다. 이제는 두 사람이 함께 가정을 책임져야 하니 어렵고 고생스럽다. 서로 다른 우리가 맞춰서 생활해야 하니 불편하고 힘들다. 먹고 사는 문제에 육아까지 겹치면 오히려 못 볼 꼴을 더 보게 될 가능성이 커지지, 그 사람 안의 젠틀맨과 프린세스를 보게 될 가능성은 적어진다. 또 하나의 진실을 말하자면, 결혼해서 느끼는 '저 사람이 이런 사람이었다니……'와 같은 절망은 나의 착각이다. 연애할 때는 사랑의 콩깍지가 씌어서 보고 싶은 것만 보고, 보고 싶은 대로만 본다. 그 사람이 결혼해서 변한 게 아니라 연애 때 노력해서 좋은 모습을 보여준 것이다. 게다가 인간은 장점, 단점을 명확하게 판단할 수 없다. 한 가지 성격이 장단점 두 가지를 다 가지고 있기 때문이다. 예를 들면 편안하고 상대를 잘 배려하는 사람은 수동적이고 우유부단할 수도 있다. 같은 특징도 상황이나 욕구, 시선에 따라서 장점이 될 수도 있고 단점이 될 수 있다는 말이다.

'나'의 연애 돌아보기

결혼할 우리 두 사람의 연애를 돌아보는 것도 중요하지만, 지금까지의 내 연애사를 돌아보는 것도 결혼에 도움이 된다. 과거의 연애는 모두 끝난 관계다. 사랑했지만 헤어졌다. 헤어진 데에는 저마다의 이유가 있고, 그 이유를 살펴보면 자신에 대해 알 수 있다. 나는 어떤 사람을 곁에 두고 싶어 하는지, 상대방이 어떤 모습을 보이면 타협할 수 없는지, 관계에 있어서 선호도와 중요한 가치관이 무엇인지 알 수 있다.

또 하나 유심히 살펴보아야 하는 건 내가 반복해서 일으켰던 행동이다. 모두 다른 연애 상대인데도 같은 패턴의 문제가 반복해서 일어났다면 그건 내 문제다. 그 부분은 솔직하게 인정하고 고쳐야 한다. 직시한 문제점에 대해 성찰 후 행동으로 변화시키는 게 필요하다. 모두 나를 위해서다. 사랑하는 사람에게 무엇을 기대했는지, 언제 성숙하지 못한 행동을 했는지. 과거 연애사를 돌아보고 지금의 나를 파악해 보자.

결혼은 진짜 연애의 시작

결혼 전에는 환상적인 미래만 생각했다. '드디어 우리가 결혼이라는 걸 하는구나'라는 사실에만 빠져서 결혼만 하면 저절로 잘 살아질 줄 알았다. 마치 토지 검사도 하지 않고 자재가 어떤지 살펴보지도 않은 채 번지르르한 건물만 상상하며 들떠있는 꼴이었다. 대학만 가면 고생 끝, 행복 시작일 것 같지만 거기서부터가 진짜 게임 시작인 것처럼, 결혼도 마찬가지다.

이제는 실제 부부가 된 배우 현빈과 손예진이 함께 출연했던 인기 드라마 〈사랑의 불시착〉에서 배우 김선영이 손예진에게 결혼하지 말라고 소리치는 장면이 있다. "야! 결혼하지 말라. 결혼하믄 내가 좋아했던 남자는 사라지는 기야. 그 남자가 좋으면 기냥 가슴속에 고이 간직하라우. 기래야 사라지지 않아!" 그 말이 무슨 말인지 알아서 웃기면서도 슬펐다. 마음 아픈 현실이기는 하지만 그래도 나는 다르게 소리치고 싶었다. 진짜 사랑하는 사람이라면 용기 내서 더 많은 사랑을 해보라고.

사랑은 한가지 모습이 아니다. 연애 때 경험했던 도파민 넘치는 설렘과 흥분도 사랑이지만, 결혼하면 더 다양하고 깊은 사랑이 기다리고 있다. 험난한 세상을 함께 살아가면서 서로 동료가 되어주는 우정이 깃든 사랑, 힘들 땐 챙겨주고 보듬어 주는 부모의 마음과 같은 자애의 사랑, 한 인간이 삶을 살아가는 모습을 가까이에서 지켜보며 존중하게 되는 인류애 가득한 사랑, 고난과 어려움에 빠져 허우적거리고 때론 잘못과 실수를 하더라도 그 사람의 존재 자체를 사랑할 수 있는 존엄한 사랑. 우리는 결혼을 통해 사랑의 부분이 아닌 전체를 경험한다. 깊고 넓은 사랑은 살아갈 힘을 주고 성장하게 한다. 설렘의 감정이 좋은 건 당연하지만 그 감정만 좇는 건 더 많은 감정을 경험할 기회를 놓치는 일이기도 하다. 연애만 하면서 서로 상처 주지 않고 좋은 감정만 공유하며 살고 싶은 마음도 개인의 자유지만, 이왕이면 모든 게 준비된 지구에 태어났으니 더 넓고 다양한 사랑을 구현하는 삶을 살아보는 것도 좋지 않을까?

사랑의 콩깍지가 벗겨지면 게임 시작이다. 새로운 사랑이라는 아이템을 모을 수 있다. 익숙함과 권태라는 적들이 몰려들 것이다. 우리는 그것과 상관없이 묵묵히 나아가 더 넓은 세상을 개척하자. 전사여! 당신의 멋진 플레이를 기대한다.

과거와 이별하고 새롭게 나아가기

우리는 우리의 꿈을 실현할 수 있도록
우리의 과거에서 벗어나는 용기를 가져야 한다.
그리고 이것이야말로 우리가 할 수 있는
가장 용기 있는 행동인 것이다.

오프라 윈프리

결혼할 때 필요한 건 새로운 마인드 장착

누군가가 나에게 결혼에서 가장 중요한 게 뭐냐고 묻는다면 결혼 12년 차 선배로서 이렇게 답하겠다. "결혼생활에서 중요한 것은 결혼 당사자들이 가진 생각과 마음 상태다." 생각과 마음은 사람이 살아가는 질료이자 동력이다. 자기의 생각이 100% 옳다고 할 수 있는지 혹시나 내가 틀린 것은 아닌지 생각해 볼 수 있는 사람은 결혼해서도 잘 살 수 있다. 마음이 열려있어야 새로운 생각을 만들 수 있고, 생각이 흘러야 새롭게 나아갈 수 있기 때문이다. 그런 의미에서 결혼 전에 나의 모든 과거와 기꺼이 이별하기를 권한다. '이래야 한다', '저래야 한다'라는 신념과 믿음에서 모두 벗어나자. 컴퓨터라는 몸체는 그대로지만 설치된 프로그램들을 포맷시키는 것과 같다. 다들 결혼 자체를 문제처럼 여기는데 그렇지 않다. 내 생각이 걸림돌이 되어서 결혼생활을 스스로 꼬이게 하는 경우도 많다. 예전에는 그렇게 생각하고 살았더라도 이제는 다르게, 더 넓게 볼 수 있는 눈을 길러보자.

예를 들어 시월드는 무조건 나쁘다는 것도 하나의 편견이다. 좋은 시어른도 많다. 내 주변에는 시댁과 데면데면하게 지내는 사람이 절반, 잘 지내는 사람이 절반이다. 실제로 가장 흔한 경우는 불편함이나 불만은 있지만 그렇다고 크게 나쁘지도 않은 회색지대 관계로 지내는 사람들이다. 관계에서 상대방이 어떤 사람인지도 중요하지만, 더 중요한 건 그걸 받아들이는 '나'이다. 시댁에서 A라는 행동을 했을 때 나라면 힘들고 감당하기 어려운 일을 다른 누군가는 전혀 아무렇지 않게 받아들인다. 그래서 결혼에 대해 부정적인 생각이나 편견이 많다면 내가 왜 그렇게 생각하는지 살펴볼 필요가 있다. 사람은 편견이 있으면 자연스럽게 그 생각과 일치하는 행동을 찾거나 왜곡해서 해석하기 마련이다. 실제로 그러지도 않았는데 그랬을 거라고 오해하고 착각하며 불행을 자초하기도 한다. 결국 사람은 믿고 싶은 대로 믿고 믿은 대로 경험하게 되는 것이다.

'결혼하면 이렇게 살아야 해'라는 생각을 버리고 그동안 가졌던 관념과 편견도 모두 버리자. 결혼은 지옥도 아니지만 그렇다고 천국도 아니다. 시댁에서 며느리를 무조건 예뻐해야 한다는 것도 편견이다. 나도 시어머니가 나를 흡족해하지 않는 게 싫었다. 나를 어떻게 평가하든, 그건 어머니 마음인데 나를 미워한다는 이유로 나도 어머니를 미워했다. 좋은 며느리로 봐주길 바라는 마음 때문이었고 '이렇게 해야지 나를 좋아할 거야'라는 자기 불신 때문이었다. 결혼해서 고부(시어머니와 며느리) 사이나 장서(장모와 사위) 사이가 좋다면 복이지만, 그렇지 않다면 또 어쩔 수 없는 일이다. 나는 배우자와 사이가 좋으면 그걸로 충분하다.

인생을 조금은 가볍게 여길 필요가 있다. 하나하나 꼬투리 잡고 내 생각과 다르다고 불편해하면 결혼생활에 만족할 수 없다. 결혼을 선택한다면 다시 태어났다는 마음으로 무엇이든 새롭게 받아들이고 처음처럼 생각할 수 있어야 한다.

어두운 과거, 이제는 안녕!

결혼 전에 해야 할 일 중 또 하나는 나의 어두운 과거와 작별하는 것이다. 부모는 아이에게 사랑을 주지만 동시에 상처도 준다. 부모도 인간이고 또 우리 모두 부모가 되기는 처음이라 서툴고 잘못도 한다. 문제는 잘못 자체가 아니라 서로 주고받게 된 상처를 제대로 살피지 않고 산다는 것이다. 그 누구보다 가까운 관계이기에 서로를 당연하게 여겨 상처를 솔직히 표현하거나 제대로 사과하지 못한다. 마음에 상처가 쌓여 있으면 결혼해서 새로운 관계를 맺기가 어렵다. 그리고 결혼해서 부모와 자식 사이에 숨겨져 있던 갈등이 터지기도 한다. 우리 부부가 그랬다. 결혼해서 남들처럼 평범하게 식사도 자주 하고 여행도 함께 다녔다. 몇 년이 지나고 보니 내가 중간에서 모자의 매개체가 되어 주고 있었다. 남편은 과거의 삶으로 인해 부모에 대한 원망과 감정의 골이 깊었다. 결혼 초반에는 아무렇지 않은 척 지내보려고 했겠지만, 결국 갈등이라는 진실이 고개를 들어 본래의 모자 사이를 드러냈다. 두 사람은 뒤늦게 폭풍우를 겪었고 그 여파가 우리 가정까지 번졌다. 긴 시간을 들여 감정을 정리하고 새로운 관계를 정립해야 했다. 결혼 전에 솔직한 마음을 나눌 수 있었다면 좋았을 텐데 남편이 뒤늦게 마음고생하는 모습을 보니 안타까웠다.

만약 부모와 해결이 필요한 감정 응어리가 있다면 결혼 전에 허심탄회하게 이야기 나누고 자유로워지자. 숨겨둔 미운 마음은 꺼내서 제대로 미워해야 다음 단계로 넘어갈 수 있다. 이야기를 받아들이실지 아닐지는 부모님의 결정이다. 부모님이 내 마음을 아는 것보다 더 중요한 건, 내 마음을 솔직히 마주하고 내가 알아주는 것이다. 힘들었던 나를 내가 먼저 이해할 수 있어야 부모님의 인생과 입장도 이해할 수 있는 품이 생긴다. 말하기가 쑥스럽다면 진심을 담아 편지를 전달하는 것도 좋다. "네가 그랬었구나. 마음이 아팠다는 걸 몰랐네. 미안하다." 이런 말 한마디만 들어도 그동안 곪았던 상처가 눈 녹듯 녹는다. 물론 적반하장으로 더 화를 내실 수도 있다. 부모님을 내 마음대로 할 수 없다는 것도 받아들여야 한다. 대신 그걸로 더 상처받지 않는 것도 나의 몫이다.

스스로 마음을 치유하고 얻는 내면의 힘

과거를 잘 떠나보내자. 결혼 전에 부모님께 느꼈던 섭섭하고 미운 마음, 걱정이나 책임감 등 모두 정리하자. 그래야 감정으로 결정하지 않고 우리에게 도움 되게 결정할 수 있다. 결혼하면 내가 싫어하던 엄마의 모습을 아내에게서 보고, 내가 싫어하던 아빠의 모습을 남편에게서 보게 된다. 자라보고 놀란 가슴이 솥뚜껑 보고 놀라서다.

나는 이제 과거를 오직 나에게 도움을 주기 위해서만 꺼내쓴다. 사랑받고 즐거웠던 경험, 힘든 일을 이겨낸 경험, 무언가를 해낸 경험. 그런 경험을 떠올리고 현재를 위해 쓴다. 어차피 과거는 나의 경험을 내가 해석하고 싶은 대로 만들어 저장한 것이다. 과거가 나를 돕지 못하고 있다면 과감하게 무시할 수 있는 용기를 가져야 한다. 우리 뇌는 부정적인 것을 더 많이 기억하도록 진화되었기 때문에 좋은 기억을 저장하고 떠올리는 노력이 필요하다. 과거 속 나의 마음은 알아주되 자꾸 나를 과거에 가두지는 말자. 내 안에 아직도 상처받은 내면 아이가 있다면 이제는 그 아이에게 자유를 주자. 나는 그때의 연약한 아이가 아니다. 강하고 능력 있는 어른으로 자랐다. 지금껏 살아냈다는 것만으로도 훌륭한데 결혼도 한다. 당신은 대단한 사람이다. 있었던 과거를 무시하거나 잊으라는 말이 아니다. 이제는 나의 과거를 포용하기를 바란다. 그럼에도 불구하고 잘 자라서 결혼의 골문 앞에 있는 나를 조금은 대견하고 다정한 마음으로 바라보자. 내가 나를 위로하자. 괜찮다고 말해주자. 지금껏 고생했고 잘 살아줘서 고맙다고 나에게 말해줄 수 있는 사람이 되자. 부모보다, 배우자보다 내가 먼저 나를 사랑해 주자. 허전하고 외로웠던 나의 마음은 알고 보면 그 누구도 아닌 나의 사랑을 기다리고 있었을지도 모른다.

결혼의 시작은 홀로서기

부부란 서로 반씩 되는 것이 아니라
하나로써 전체가 되는 것이다.

반 고흐

홀로선 사람이 '함께'를 이룰 수 있다

홀로 선다는 건 무엇일까? 혼자 서 있어야 한다는 의미는 당연히 아니다. 다른 사람과 함께 살아가지만, 그런 삶 속에 독립적인 주체 의식이 있어야 한다는 말이다. 자신으로 당당하게 홀로 설 수 있어야 배우자와 협력하는 관계로 동행할 수 있다. 사랑도, 결혼도, 관계에서도, 타자라는 대상이 중요해 보이지만 더 중요한 건 '바로 선 나' 자신이다. 홀로 선다는 건 내 삶의 주체가 내가 된다는 말이고 나의 이유로 사는 것이다. 그것이 올바른 출발점이다. 사랑을 해도, 결혼을 해도 그 사람 때문이라고 이유를 걸지 않고, 그 사람 탓이라고 문제의 원인을 돌리지 않아야 한다. 홀로서는 건 스스로 행동하고 책임지는 삶이니까.

외로워서 결혼하고 싶고 기댈 사람이 필요해서 결혼하려고 한다면 다시 생각해야 한다. 결혼은 함께 있어서 더 좋은 관계가 되어야 하는 것이지, 나의 빈구석을 채워주는 관계여서는 안 된다. 내 마음의 허기는 내가 채워야 한다. 누군가가 내 곁에 없으면 안 된다는 생각 자체가 잘못된 생각이다. 나는 혼자인 이대로도 충분하지만, 결혼이라는 선택을 통해 그저 다른 과정을 맛보기로 결심하는 것뿐이다. 결혼은 행복해지기 위해서 하는 게 아니다. 행복은 목적이 될 수 없고 다양한 삶을 살면서 만나게 되는 수많은 감정 중 하나일 뿐이다. 결혼을 통해 그동안 만나보지 못했던 나를 만나고 이해하고 또다시 새로운 나를 만든다.

다른 사람의 도움 없이 혼자 알아서 잘하는 게 홀로서기라고 착각하는 사람도 있다. 인간은 누구나 완벽하지 않다. 내가 가지고 있는 것은 무엇인지, 또 부족한 것은 무엇인지 알고서 가지고 있는 것은 나눌 수 있고, 부족한 것은 도움받으며 사는 것이 오히려 바로 선 사람의 모습이다. 도움을 청하는 일이 남에게 피해를 준다고 생각된다면 왜 그런 생각이 드는지 찾아보고 나에게 도움이 되는 방향으로 바꿔보자. 홀로서기는 삶의 주도권을 가지는 일이다. 삶의 기준은 외부에 있는 것이 아니라 내 안에 있다. 내가 왜 그렇게 행동하는지 이미 알고 있으며 그것을 책임지는 자유를 갖는 게 자립이다. 그것은 내가 나를 믿는 마음에서 나오는 힘이며 나에 대한 사랑이기도 하다.

함께여서 홀로 있어도 즐겁다

인간은 태어나서 죽을 때까지 누구나 혼자다. 내 마음은 오직 나의 것이라 나만 알 수 있다. 육체는 타인과 함께 있을 수 있지만 마음은 나 아닌 누구와도 공유할 수 없다. 혼자 와서 혼자 간다는 게 삶의 당연한 기본값이다. 혼자이기에 외롭고, 혼자라는 사실을 알아서 두렵다. 그래서 우린 다른 사람과 함께 살아간다. 서로의 외로움과 두려움을 잘 알고 있으니까. 그리고 나라는 사람은 타인이 있어야 가진 것을 발휘할 수 있고 나를 알아가는 데도 도움이 된다. 그래서 우리는 서로가 필요하다.

사람이 함께 산다는 건 혼자라는 기본값을 보완하려는 인간의 의지이고 우주가 가진 균형의 원리라고 생각한다. 하지만 안타깝게도 이 균형점 놀이가 가족으로 묶이면 어려워진다. 밀접한 관계이기 때문이다. 혼자인 건 두렵지만 속박되는 것은 싫어진다. 혼자라는 자유를 침해당하는 건 고통이지만 함께 있어서 힘이 되기도 한다. 결혼하면 이 양극단 사이에서 균형과 조화를 이루는 게 얼마나 어려운 일인지 알게 된다. 함께 있고 싶지만 나를 잃지 않으려는 모습이 아름답고 처절하다.

인간은 고유성을 가진 독립적인 개인이면서 타인과 함께 살아가는 사회적 동물이다. 혼자도 중요하고 함께도 중요하다. 많은 사람이 혼자일 땐 외롭고 함께 일 땐 괴로워하며 살아가지만, 우리는 혼자 있어도 좋고, 같이 있어도 좋을 수 있는 존재들이다. 매일 자유로운 사람은 자유로워서 좋지만, 너무 커다란 자유는 기쁨이 아닌 두려움이 되기도 한다. 모든 선택이 열려있을 때 역설적으로 선택이 어려워지는 것처럼 말이다. 결혼은 함께 살아가는 일이고 수많은 의무와 책임을 동반하기 때문에 분명히 개인의 자유를 박탈당할 때가 많다. 당한다는 말은 너무 수동적이니 자유를 스스로 박탈하는 자유를 누린다고 하자. 우리에게는 좋은 것, 하고 싶은 것을 포기하는 자유까지도 있으니까. 어쨌든 결혼을 능동적으로 선택했다. 내가 소중하게 여기는 것을 위해서 자유의 일부를 포기할 수도 있는 나란 인간. 너무 멋지지 않은가! 가끔 미혼인 녀석, 골드미스인 친구를 보며 부럽기도

하다. 하지만 그들은 모른다. 속박 뒤에 붙은 자유를 말이다.

생각을 전환해보자. 우리는 가족이라는 울타리 안에 있어서 남들보다 더 짜릿한 '홀로'를 경험할 수 있다. 코로나19가 세상을 덮쳤을 때 몇 달간 아이들과 집에서 복닥거리며 살았다. 그때 SNS에 한 줄의 문장을 남겼다. '제발 외로워지고 싶어요.' 책임과 구속에 몸부림치다가 잠시 잠깐, 어느 날 한 번 누리는 자유란 꿀맛이었다. 결혼했기 때문에 색다른 자유를 누릴 수 있다. 내게 늘 자유가 있었다면 달콤한 줄 몰랐을 소중한 자유다. 어떤 면으로는 결혼이야말로 진짜 홀로 가는 길이다. 모든 게 넘치는 세상을 등지고 오로지 내게 소중한 것 하나만을 향해 걸어가는 길이니까.

당당히 독립하고 건강하게 홀로서기

- 속마음 나누는 대화 없이 스케줄만 공유하며 살았던 사람.
- 가족과 같이 시간 보낸 적 없이 방에서 휴대전화만 보며 살았던 사람.
- 집 청소는커녕 자기 방 청소도 안 했던 사람.
- 부모님이 반대하면 뭐든 포기했던 사람.

- 어른아이가 되어 나 자신보다 부모님을 더 걱정하며 살아온 사람.

나의 이야기가 될 수도 있고 상대의 이야기가 될 수도 있는 이 모든 과거의 사람과 이제는 이별하자. 결혼해서 두 사람이 함께 잘 살기 위해서는 그 전에 온전히 독립할 수 있어야 한다. 그렇지 않으면 사랑이라는 이름으로 상대방을 힘들게 할 수 있다. '사랑하면 이래야지', '왜 사랑하는데 나한테 이래'라며 사랑을 이용하게 된다. 결혼은 채우는 관계가 아니라 서로 주는 관계다. 내가 내 것을 채우고도 넘치는 그 사랑을 상대에게 주는 것이다. 결혼이야말로 그 어떤 것보다 기버(Giver)의 삶이다.

나와 평생 다르게 살아온 사람과 가정을 꾸린다는 건 어려운 일이다. 그냥 원래 어렵다고 생각하면 된다. 그래서 결혼 전에 가졌던 단편적이고 획일화된 사고에서 벗어나 넓은 생각으로 살아낼 준비를 해야 한다. 갇혀있는 마음과 폐쇄적인 사고는 결혼생활에 아무런 도움이 되지 않는다. '나는 원래 그랬어'라는 건 없다. 원래 그랬어도 이제는 달라져야 하고 노력도 해야 한다. 당당히 독립하고 건강하게 홀로서자.

Part 3

나를 알아야
결혼의 주인이 된다

나는 나, 결혼은 결혼

행복은 목적지가 아니다.
행복은 잘살고 있는 삶의 부산물이다.

엘리너 루스벨트

내 머리 위에 결혼을 올리지 말 것

회사에 막 들어간 신입사원처럼 열심히 결혼생활을 했다. 내조 잘하는 아내가 되어 남편에게 사랑받고 싶었고 행복하게 사는 모습을 주변 사람들에게도 보여주고 싶었다. 그런 내 모습은 자연스럽지 못했다. 좋아 보이는 것들을 따라 흉내 내기 바빴다. 마치 새해가 되면 뭔가 새로운 일을 해낼 수 있을 것처럼, 결혼했다고 다른 내가 될 수 있을 것 같았다. 그래봤자 어제와 다를 바 없는 오늘일 뿐인데 말이다. 이제는 어른스럽게 행동하고,

어른을 공경할 줄 알며, 책임감 있게 살림도 잘하는 사람이 되어야 할 것 같았다. 결혼했는데도 그런 일들을 잘하지 못하면 부족하고 모자란 사람으로 취급받을 것 같았다. 누가 뭐라고 하지도 않았는데, 스스로 그랬다.

신혼 초 에너지가 가장 크게 들었던 부분은 역시 시댁과 친정이었다. '결혼했으니까 우리 이제 진짜 어른입니다'라는 느낌을 느끼고 싶었고, 그런 모습을 보여드리고 싶었다. 어제까지만 해도 엄마 아빠에게 짜증 내고 툴툴거리던 '애들'이 결혼한 다음 날부터 의젓한 사위·며느리 코스프레를 했다. 하지만 결혼에 걸맞은 사람이 되기 위해 애쓰는 시간이 길어지다 보니 어느새 '적'쟁이가 되었다. 소화하기 어렵고 참고 견뎌야 하는 일들이 늘어갔다. 할 수 있는 일과 아직은 힘든 일을 구분하지 못했다. 마음에서 우러나지 않은 일을 반복하다 보니 점점 지치고 원망이 쌓였다. 힘들어지니 하고 싶지 않았고 왜 이렇게 해야 하는지 의심하는 지경에 이르렀다. 돌이켜보면 우리는 솔직한 모습으로 살지 못했다. 결혼이 중요해서 결혼을 얻었지만 나를 잃어버렸다. 내 머리 위에 결혼을 올리고 살았다. 우리 자신보다 결혼이 더 중요해져서 결혼의 노예가 되어버린 셈이다. 잘하고 싶은 마음은 오히려 독이 되었다.

역할과 나를 분리하기

우리는 태어나서 '나'라는 사람으로 살아가지만, 세상과의 관계를 맺으며 '역할'이라는 다양한 옷을 입고 살아가기도 한다. 나는 집에서는 무뚝뚝한데 무슨 일이든 알아서 하는 첫째 딸이면서, 짜증은 잘 내지만 나를 찾으면 언제든 달려가는 손녀이기도 했고, 동생을 도와주는 걸 좋아하면서 정 없는 언니이기도 했다. 어떤 이에게는 친구고, 회사에서는 동료였으며, 어린아이들에게는 선생님이기도 했다. 이제는 결혼까지 해서 역할이 더 늘어났다. 남편을 사랑하면서 잔소리도 잘하는 아내이기도 하고, 살갑지는 않지만, 신경은 많이 쓰는 며느리였으며, 오늘은 또 가족들과 뭘 해 먹을지 고민하고 이것저것 챙기느라 정신없는 엄마이기도 하다. 하루는 겨우 24시간뿐인데 잠자는 7시간까지 빼고 나면 고작 17시간으로 그 역할을 모두 소화하며 산다. 그런데 문득 의문이 들었다. 그 역할은 모두 '역할'일 뿐 '나'는 아닌데 그렇다면 나는 대체 언제 오롯한 '나'로 존재하는 거지? 혼자의 시간이 부족해질수록 '나'라는 존재로서의 느낌이 흐려져서 역할도 잘 해낼 수가 없었다. 다람쥐 쳇바퀴 굴리듯 앞만 보며 결혼생활을 했고, 마음은 허한데 사는 게 바빠서 오랜 시간 나를 방치했다.

2019년에 개봉한 영화 〈82년생 김지영〉에 기혼녀들은 공감했다. 다니던 회사를 관두고 육아와 가사를 병행하며 숨 가쁜 나날을 보내는 그녀의 모습에서 우리의 삶이 보였다. 결혼하면 새로 갖게 된 역할을 해내느라 지치고, 내 안의 자아는 혼란을 겪는다. 사랑하는 사람과 함께 잘 살고 싶어 선택한 결혼이지만, 동시에 갖는 새로운 역할들은 나를 흔들고 삶을 어렵게 한다. 힘든 건 남편도 마찬가지다. 결혼해서 갖게 되는 역할을 잘 해내야겠지만 역할에 매몰되어 살아서는 안 된다. 역할에 따른 어려움을 인지하며 적절히 분리하고 조절하면서 나를 지킬 수 있어야 한다. '나'라는 정체성이 옅어지면 삶이 공허해지고, 결국 살아낼 힘을 잃게 되기 때문이다.

며칠 전 카페에서 한 가족을 보았다. 남자 친구의 부모님과 처음 만나는 자리 같아 보였다. 어색한 자리라 편치는 않겠지만 여자의 행동은 자연스럽지 못했다. 입은 웃고 있으면서도 몸은 안절부절못하고 너무 긴장한 탓에 등은 새우처럼 굽어 있었다. 그 모습을 보고 있자니 과거의 내가 생각나서 안타까웠다.

되고 싶은 나, 보이고 싶은 나보다, 편안하고 자연스러운 나의 모습으로 결혼해 보는 건 어떨까? 모든 걸 천천히 해보는 거다. 서툰 아내와 남편임을 인정하고 서툰 그대로 조금씩 해나가는 거다. 새로 갖게 된 소중한 역할에 몸이 적응할 수 있도록 하자. 청소도, 음식도 처음부터 모든 살림을 잘하는 사람은 없다. 모두 잘할 필요도 없다. 며느리 역할은 더 천천히 해도 된다. 특히 결혼 후 3년 정도는 오히려 적당한 거리를 두고 어색하게 지내는 것도 나쁘지 않다. 어차피 시댁과 처가는 배우자와는 엄연히 남이다. 실제로 남인데 갑자기 가족처럼 지내려고 하면 도리어 문제가 생긴다. 서로에게 자연스럽게 스며드는 시간이 필요하다. 신혼 기간은 부부가 가까워져야 할 시기이므로 사수해야 한다. 부모 역할은 가장 어려운 문제지만 내가 행복하고 부부 사이가 좋고, 아이에게 나쁜 행동만 하지 않으면 충분히 좋은 부모다. 좋은 엄마라는 건 영원히 이룰 수 없는 판타지 같은 건데 거기에 너무 힘을 쏟으니 힘들다. 힘 빼고 나답게 살자.

결혼 ≠ 나

결혼에서 가장 중요한 건 바로 '나'다. 결혼이 아무리 중요해도 그래봤자 내가 선택했을 뿐이다. 이상적인 역할이 아니라 나답게 사는 것, 진짜 '나'를 내버려두지 않는 것이 중요하다. 소중한 내 가정이지만 나와 같다는 등호(=)는 성립하지 않는다. 결혼이 나의 전부도 아니다. 결혼과 가정이 나의 전부라고 생각하면, 가정에 힘든 일이 생겼을 때 나라는 사람의 존재나 가치를 그것과 동일시하는 불상사가 생긴다. 대학에 떨어지거나 취직을 못 했다고 실패자가 아니듯, 결혼에 문제가 생기거나 이혼한다고 내가 실패자는 아니다. 결혼하면 어떤 일이든 생길 수 있고, 결혼의 흥망성쇠는 내 존재와는 별개다. 결혼에서 일어나는 일로 내 존재를 흔들지 말자. 분리해서 생각해야지 가정의 문제를 더 빠르고 현명하게 해결할 수 있고 넘어져도 다시 회복할 수 있다. 혹여나 문제가 생기더라도 그 문제를 큰일이나 불행이 아니라 '어떻게 해결하면 좋을까?'라고 가볍게 대응하면 된다. 그런 일이 오히려 성장하고 변화할 수 있는 계기가 되기도 하니까 말이다.

나라는 사람은 어떠한 상황이나 조건으로 쉽게 좌지우지될 수 있는 존재가 아니다. 나의 가치는 오직 내가 떨어트릴 때만 떨어질 수 있고, 내가 나를 그렇게 여기더라도 내 존엄성과 존재가치는 영원히 변하지 않는다. 나는 나일 뿐, 결혼과 가정이 나는 아니다. 언제나 그런 일이 일어날 뿐. 내 존재는 변함없이 온전하다.

이런 나와 결혼해도 괜찮을까?

자신은 여전히 지저분하고 게으르고 봉두난발인 상태로
'이런 나를 있는 그대로 사랑해 줄 사람'을
기다린다면 한 번뿐인 인생을 걸고
도박을 하는 것이나 다름없다.

후이, 《나라면 나와 결혼할까?》

결혼을 선택하는 나에 대해서 먼저 생각하기

많은 사람이 결혼을 앞두고 이런 걱정을 한다.

'이 사람이랑 결혼해도 괜찮을까?'

'이 사람이 정말 내 결혼 상대자가 맞을까?'

'이 사람이 내 인생 최고의 사람일까?'

모두 내가 선택한 배우자가 괜찮은 사람일지에 대한 걱정이
다. 물론 좋은 사람을 만나야 좋은 결혼생활을 할 수 있다는

당연한 판단에서 비롯되었을 것이다. 하지만 우리는 커다란 사실을 놓치고 있다. 상대방도 나와 같은 걱정을 하고 있다는 사실이다. 두 사람이 함께 만들어가는 결혼인 만큼 상대도 중요하지만, 내가 어떤 사람인지도 중요하다. 그래서 결혼 전에 '나는 어떤 사람인가?'라고 스스로 질문해 볼 수 있어야 한다. 좋은 결혼 상대를 선택하는 것도 결국 나의 안목이니까.

후이 작가는 《나라면 나와 결혼할까?》에서 "결혼은 내가 상대에 대해 확신하는 것 이상으로 나 역시 결혼하기 좋은 사람이라는 사실을 상대에게 증명해 보이고 확신과 안정감을 줄 수 있어야 한다."라고 했다. 대부분 결혼을 준비할 때 내가 가진 경제 요건과 신체 상태만 걱정한다. 결혼해도 될 '상황'인지에 대해서만 고민하고 정작 나라는 사람이 결혼을 선택해도 될 '사람'인지는 고민하지 않는 것이다. 내가 선택한 저 사람이 나에게 무엇을 줄 수 있을지, 나에게 도움이 될지만 생각하고, 내가 저 사람에게 어떤 도움이나 피해를 주게 될지는 생각하지 않는다.

결혼을 준비할 때 현재의 나는 어떤 사람이며, 어떤 장단점을 가졌는지 면밀히 살펴봐야 한다. 생활 방식, 가치관, 정서 상태, 책임감 등을 생각해 보고 결혼생활을 위해서 무엇을 강화해야 하고 무엇을 버려야 하는지도 알고 있어야 한다. 그리고 행복한 내 가정을 얻는 대신 무엇을 포기할 수 있는지도 생각해 보자. 취미생활, 친구들과의 유흥 등 모든 걸 그대로 유지한 채 결혼한다면 내가 누리고 싶었던 것들을 결혼 때문에 하지 못한다고 착각하게 된다. 억울한 마음이 생기고 결혼과 배우자를 탓하는 건 결혼에 대해 모르고 자신에 대해서도 몰라서 생기는 일이다.

나 자신을 알자

철학자 소크라테스는 "너 자신을 알라"고 말했다. 삶을 살아가기 위해서는 그 주체인 자기 자신을 알아야 한다. 내가 어떻게 살아가고 어떤 생각을 하는지 알아야 제대로 행동할 수 있기 때문이다. 스스로 무엇을 알고 있고, 무엇을 모르고 있는지 아는 메타인지가 있어야 문제를 찾아 해결할 수 있고, 더 나은 결혼생활을 위해 성장, 발전할 수 있다.

나는 책임감만 강했을 뿐 나에 대해서는 몰랐다. 정확히는 내 마음을 다루는 방법을 몰랐다. 감정에 자주 휩쓸렸고 건강하게 표현할 줄 몰랐다. 내가 느끼는 감정을 명확하게 인식하고 처리하는 능력이 낮았다. 그런 나에 대한 무지가 결혼의 질을 떨어트렸고 나 자신을 힘들게 했다. 솔직히 말하면 나는 결혼 전에 내가 어떤 사람인지에 대해 생각해 본 적도 없었고 '이런 내가 결혼해도 될까?'라는 생각은 1초도 해본 적 없었다. 언젠가 방송에서 가수 이효리는 결혼 전부터 남편이 바람피울까 봐 걱정한 게 아니라 본인이 바람피울까 봐 걱정했다고 한다. 남자 친구가 2년 주기로 바뀌었는데 한 사람과 평생 사는 게 가능할지 걱정이었고 그 생각은 여전히 유효하다고 말했다. 이미 결혼했는데 무슨 그런 걱정을 하냐고 할 수도 있지만, 그런 걱정도 자신을 잘 알아야 할 수 있는 걱정이라고 생각한다. 나에 대해서 알면 문제를 해결할 수 있고 예방도 할 수도 있으니 중요한 부분이다. 나는 감정에 취약한 나를 몰라서 결혼 후에도 내 무지에 걸려 넘어졌다.

결혼 전 자신을 탐구하는 시간을 충분히 가지자. 내가 나에 대해 아는 게 없으면 결혼해서 해결의 주체가 되기 어렵다. 사람들 대부분이 나는 나니까 나를 잘 알 거라고 생각하지만, 사실 잘 모르고 산다. 어떤 사람, 어떤 음식, 어떤 공간을 좋아하는지. 나는 어떤 성격과 기질을 가졌고, 무엇에 호불호가 있으며, 가진 장단점은 무엇인지 애정을 가지고 살펴보자. 내가 나에 대해 알면 알수록 중심이 생기고 삶을 잘 살아낼 수 있게 된다. 나만큼은 나에 대한 도사가 되어보자.

정말 이런 사람과 결혼해도 괜찮을까?

이런 사람과 결혼해도 괜찮을지 상대방에 대해서도 생각해 봐야 하지만, 우선 자신에 대해 먼저 생각하고 작성해 보자. 제3자의 관점으로 내가 어떤 사람인지 결혼과 연결해서 써보는 거다. 누구한테 보여줄 일 없으니 솔직하게 적어보자. 내 단점, 내 과오, 내 치명적인 부분은 사실 내가 가장 잘 안다. 그래서 그 문제 해결도 내가 가장 잘할 수 있다.

> 예시) 나는 _____ 사람이다.
> 질문) 이런 사람과 결혼해도 괜찮을까?

1. 나는 새벽까지 혼자 충전할 수 있는 나만의 시간이 필요한 사람이다.
2. 나는 외부 활동을 즐기며 밖에서 스트레스를 풀어야 살 수 있는 사람이다.
3. 나는 엄마가 금전 관리를 대신해 주고 집안 경조사 한번 챙긴 적 없이 시키는 대로만 살았다.

4. 나는 가족과 갈등이 생기면 대화로 해결하기보다 집을 나가 거나 방에서 동굴 생활을 했다.

5. 나는 집이나 사회에서 표현 못 한 감정을 가장 편한 남자 친구에게 토로했다.

쓸 게 많아서 놀랄지도 모른다. 하지만 괜찮다. 발견하면 할수록 우리 결혼생활은 더 좋은 방향으로 나아갈 것이니. 현재의 위치를 알면 가야 할 방향을 정할 수 있고 어떤 노력을 해야 하는지도 알게 된다. 내가 어떤 사람인지 글로 써본 후에 '이런 사람과 결혼해도 괜찮을까?'라는 질문을 붙여보자. 자신의 답변이 '아니'라고 나온다면 '어떻게 개선할 수 있을까?'라고 다시 질문을 던지자. 지혜로운 나의 영혼은 내게 방법을 알려줄 것이다.

내가 괜찮은 사람이 되면 괜찮은 사람을 만나게 되고, 서로 더 괜찮은 배우자가 되기 위해 노력하며 산다. 살면서 함께 성장하는 부부가 최고의 부부다. 우리가 어떤 사람인지 알고, 어떤 삶을 원하는지 함께 생각해 볼 수 있으며, 그것을 위해 어제보다 한 걸음 더 노력하는 삶을 살아가는 것. 그게 바로 성장하는 부부다.

최고의 혼수 준비는 셀프 러브

제겐 결점도 많고 두려움은 더 많지만
할 수 있는 한 최대한 저 자신을 끌어안으려 합니다.

BTS RM UN 연설

지금의 나 자신을 사랑하나요?

"어제 실수했더라도 어제의 나도 나이고, 오늘의 부족하고 실수하는 나도 나입니다. 내일 좀 더 현명해질 수 있는 나도 나일 것입니다. 이런 내 실수와 잘못들 모두 나이며, 내 삶의 별자리에서 가장 밝은 별무리입니다. 저는 오늘의 나든, 어제의 나든, 앞으로 되고 싶은 나든, 저 자신을 사랑하게 됐습니다."

그룹 방탄소년단이 미래세대와 문화를 위한 대통령 특별사절로 제76차 유엔총회에 참석했을 때, 리더인 RM 김남준이 했던 연설이다. 그들은 2019년 발매한 노래 '소우주'에서 '한 사람에 하나의 역사 한 사람에 하나의 별', '우린 우리대로 빛나 우리 그 자체로 빛나'라는 가사로 80억 개의 별로 빛나는 세상에 대한 메시지를 전했다. 노래 가사처럼 우리는 모두 서로 다름으로 고 귀하고 각자의 존재로 빛나는 생명체다. 하지만 안타깝게도 이 사실을 알면서도 나를 귀하게 여기며 살지 않는다. '어휴, 왜 이 것도 제대로 못 하나!', '난 왜 게으르고 열정도 없을까?' 마음속 으로 질책하고 구박한다. 세상에서 나를 가장 함부로 대하는 건 바로 나인 셈이다.

나를 온전한 사람이라고 생각하지 못했다. 늘 부족하다고 여 겼고 모자란다고 느꼈다. 지금 이대로는 충분하지 않으니 언제 나 노력해야 한다고 생각했다. 인정받고, 사랑받고, 잘해야지만 가치 있는 사람이라고 믿으며 살았다. 시댁에서 칭찬해 주지 않 고, 남편이 내 마음을 알아주지 않고, 육아하는 게 버거우면 나 를 못난 사람 취급했다. 결혼해서 이런저런 힘듦을 겪고 고생하 는 나를 안아주지 않았다. 그러기는커녕 매일 짜증 내고 나를 함 부로 학대하며 살았다.

이제는 더 이상 이대로 살고 싶지 않았고 하루도 이대로 살 수 없었다. 그래서 괴로운 마음을 해결하려고 책도 읽고 교육도 들으러 다녔다. 한 날은 수업을 들으러 다른 지방에 갔다가 밤 늦게 귀가하는 중이었는데 너무 힘들고 지친 그 순간, 내 안에서 커다란 목소리가 들렸다.

'무슨 부귀영화를 누리겠다고 이러냐! 그냥 평범하게 살아.' 다른 사람이 나에게 하는 말처럼 또렷하게 들렸다. 충격이었다. 그날은 태어나서 처음으로 내 속마음을 명확하게 들었던 날이고, 그동안 얼마나 날카로운 말들로 나를 찔러댔는지 알게 된 날이었다. 무섭고 소름 돋고 미안해서 눈물이 났다. 힘들어하는 나에게 '힘들었지. 고생했어. 잘하고 있어.'라는 응원은 못 해줄망정 세상에서 가장 못 된 얼굴과 무서운 목소리로 나를 몰아세우며 살고 있었다. 그러니 마음이 힘든 건 당연했다. 그날 이후, 나는 나에게 함부로 대하지 않겠다고 약속했다. 예전과 달라진 나는 아침에 눈을 뜨면 가장 먼저 거울 속 나에게 웃어준다. 이런 내가 참 좋다.

자기를 사랑하는 사람만이 남도 사랑할 수 있다

결혼생활에 만족하지 못하고 있다는 걸 깨닫고 가장 먼저 한 일은 나를 돌보는 일이었다. 재난이 생기면 내가 먼저 산소마스

크를 껴야 남을 도울 수 있듯, 일단 나를 먼저 구해야 했다. 나라는 사람을 처음 사귀듯이 대했다. 내 생각과 기분을 살피고 무엇을 좋아하고 싫어하는지 관심 가졌다. 감정 뒤에 숨은 욕구도 유심히 지켜보며 인정해 주었다. 그중 가장 신경 썼던 건 내 안의 목소리였다. 마음속으로 하는 혼잣말을 다정하게 바꾸었다. '오늘도 기분 좋은 아침이 밝았어.', '가족들과 웃는 모습을 보니 나도 기분이 좋다.' 조금씩 변해가면서 알았다. 나 자신을 아끼고 소중히 여기는 마음이 내가 사는 세상을 아끼고 사랑하는 마음으로 이어진다는 것을. 내가 나를 존중하자 마음가짐이 바뀌고, 태도가 달라지면서 가족의 변화로도 이어졌다. 지금은 신혼 때보다 남편과 사이가 좋고, 곧 사춘기인 아들도 엄마인 나를 자주 안아준다. 예전엔 아이들이 더 어렸는데도 내가 안아주려고 하면 도망가곤 했다.

결혼 전에 행복한 사람이 결혼해서도 행복할 수 있다. 나 혼자여도 행복하고 스스로 사랑을 느낄 수 있어야 한다. 빈 마음을 상대가 대신 채워줄 수 없다. 사랑이란 이미 내 안에 있는 마음을 느끼는 일이라서 아무리 다른 사람이 사랑을 퍼줘도 내가 느끼지 못하면 소용없다. 함께 있어도 외롭다고 느낀다면 그건 다른 사람이 나를 외롭게 만드는 게 아니라 내가 외로움을 품고 있기 때문이다. 허전한 마음을 가지고 있으면 배우자가 잘해주는 부분보다 못 해주고 소원한 부분만 보인다. 내가 나를 괜찮은 사람으로 느낄 수 있어야 한다. 스스로가 온전하고 충분한 존재라는 자기 신뢰와 확신을 가져야 한다. 내가 나를 조건 없이 사랑하면 20대의 나뿐만 아니라 40대, 80대의 나도 사랑할 수 있다. 결혼을 품는 이들 모두 자기 사랑을 스스로 만들어갈 수 있기를 바란다. 어떤 일이 일어나든, 어떤 실수를 하든, 나만큼은 나를 버리지 않겠다고 다짐하며 시작해 보자. 'Love Myself.' 자신을 사랑하자. 자기 사랑이야말로 최고의 혼수다.

자기 사랑의 힘

누구나 한 번쯤은 이런 경험이 있을 것이다. 어떤 장소에 누군가 문을 열고 들어왔을 때 공간의 공기가 달라지는 경험 말이다. 사람은 저마다 에너지를 가지고 있고, 그 에너지를 알게 모르게 주변과 주고받으며 살아간다. 그래서 기분 좋은 사람 곁에 있으면 나도 덩달아 기분이 좋아지고, 화내고 분노하는 사람 곁에 있으면 에너지가 소진된다.

자기를 사랑하는 힘이 있는 사람은 마음이 편안하고 행복하다. 주변에 휘둘리지 않고 가볍고 자유롭다. 다른 사람에게 직접 행동하지 않아도 존재 자체로 긍정적인 영향을 끼치는 셈이다. 반면에 자기를 사랑하는 마음이 부족한 사람은 텅 빈 마음을 채우기에 바쁘다. 누군가를 사랑하면서도 사랑에 조건이 붙고 내가 주는 사랑으로 그에게 보답을 바란다. 그건 사랑이 아니라 개인의 욕망일 뿐이다. 하지만 나에게는 사랑이 부족할 수가 없다. 왜냐하면 내가 사랑이기 때문이다. 우리는 스스로 사랑을 담는 그릇이거나, 소유하는 소유자라고 생각한다. 나라는 사람이 이미 사랑 그 자체이고, 사랑은 우리의 본성이다. 언제든 꺼내쓸 수 있는 사랑이 무한히 있는데 없다고 착각한다. 그래서 채워야 하고, 가져야 하고, 얻어야 한다고 생각한다. 하지만 내가 어떤 존재인지 알아차리면 자기 사랑의 힘은 저절로 깨어난다.

자기 사랑은 나 한 사람을 위한 것이 아니라 지구 전체를 위한 일이 될 수 있다. 내 안에 사랑이 있을 때 모두가 이로운 방향으로 행동하며, 그렇게 행동하는 것이 결국 나에게도 도움 된다. 사랑은 단순 로맨스나 조건이 달린 주고받음이 아니다. 진정한 사랑이란 내가 곧 사랑이 되는 일이다. 나는 존재 자체로 사랑이기에 결혼은 그런 나를 구현하는 일이 된다. 자신을 아끼고 사랑하는 마음이 결혼도 세상도 아름답게 만든다.

내 마음 나도 몰라

기혼자 중에도 행복한 사람이 있고 불행한 사람이 있다.
미혼자 중에도 행복한 사람이 있고 불행한 사람이 있다.
행복 왕국은 생각과 느낌 안에 존재한다.

조셉 머피, 《잠재의식의 힘》

내 마음의 주인 되기

결혼식 날짜가 다가오자 묘한 우울감이 생겼다. 결혼이 기대
되기도 했지만 처음 겪는 일이라서 모든 게 걱정이었다. 결혼이
진짜 어떤 건지 모르니 불안했고 행복하기 위해서 하는 결혼이
혹시 내 바람과 다를까 봐 두려웠다. 결혼이나 결혼 준비의 문제
가 아니라 내 마음이 문제였다. 마음을 스스로 알아차리고 통제
하지 못하니 순간순간 드는 생각이나 감정에 쉽게 휩쓸리고 원
하는 것과 다른 선택을 하기도 했다.

결혼해서 생기는 갈등의 대부분은 욕구와 감정 때문이다. 겉으로 보면 그럴 만해서 부딪히는 것 같지만, 자세히 들여다보면 서로 마음 상해서 벌어지는 일이다. 내가 내 마음을 잘 알면 감정으로 토로하지 않고 건강하게 해결할 수 있는데 그러지 못하니 괜히 다른 걸로 시비 걸고 둘러서 말한다. 그래 놓고는 '이렇게까지 했는데 내 마음을 몰라?' 하며 혼자 소설을 쓰기 시작한다. 내 마음을 몰라준 건 배우자가 아니라 '나'다. 나도 모르는 내 마음을 배우자가 알 턱이 없지 않은가. 우리의 생각과 감정은 시시때때로 변한다. 그래서 내 마음을 잘 다루면서 살아야 하는데 중구난방 바뀌는 생각 따라 살고, 이리저리 널뛰는 감정에 빠져 사니 갈등으로 번진다.

나의 결혼생활이 만족스러운 모습으로 항해하기 시작했던 건 내가 내 생각과 마음을 의식하면서부터다. 그렇게 바랐던 소중한 내 가정인데, 왜 행복하다고 말할 수 없는지 속상했다. 그런데 나의 이런 마음을 탐구하며 깨달았다. 나는 선택하는 인간이 아니라 반응하는 인간이었다는 것을. 나는 그저 본능대로 말하고 행동할 뿐 왜 그렇게 하는지, 무엇을 원해서 그러는지, 나조차도 모르고 있었다.

《죽음의 수용소에서》의 저자로 유명한 심리학자 빅터 프랭클

은 이렇게 말했다. "자극과 반응 사이에는 공간이 있다. 그 공간
에는 반응을 선택할 힘과 자유가 있다. 그리고 그 반응에 따라
우리의 행복과 성장이 결정된다."

나는 그 공간을 제대로 사용할 줄 몰랐고 감정을 존중하지도
못했다. 내 마음을 알아야 나를 위한 해결책도 찾을 수 있는데,
답답하고 속상하다는 감정만 안고 있을 뿐 내가 가진 속내는 알
아보려고 하지도 않았다. 그러니 인생이 도돌이표였다. 부디 당
신은 나처럼 뱅뱅이 돌지 말고, 자기 마음의 주인이 되어 행복과
성장의 길을 걷기 바란다.

내 마음이니까 최소한 나는 알자

나는 어릴 때부터 책임감이 강했다. 하지만 역할을 맡았을 때
만 그랬다. 천성은 힘이 별로 없고 얽매이는 것을 싫어하며 은
근히 손도 많이 가는 스타일이다. 본성을 거스르고 첫째 딸로서
살아가기 위해 선택한 방식은 '알아서 잘하는 사람'이 되는 거였
다. 아무도 그렇게 하라고 시키지도 않았는데 스스로 압박하며
살았다. 직장에서도 그랬고 결혼에서도 그랬다. 나도 모르게 축
적된 부담과 번아웃 상태를 알아채지 못하고 살다가 어느 날 가

족들에게 화를 내는 내 모습을 발견했다. 상황 때문이 아니라 마음을 오래도록 방치한 탓이었다. 체력적으로 지쳤거나, 하고 싶지 않은데 억지로 했거나, 바깥에서 받은 스트레스를 집안에 끌고 오는 경우이거나, 모두 내 마음을 잘 몰라서 생긴 일이었는데 외부로 투사(다른 것의 탓으로 돌림으로써 자신은 그렇지 아니하다고 생각하는 방어기제)했다.

생각과 마음을 잘 다루기 위해서는 우선 내가 나에 대해서 알아야 한다. 어떤 성향이고, 무엇에 민감하고, 어떤 상황에 두려움을 느끼는지 등 나를 아는 게 중요하다. 그래야 '내가 이것을 그렇게 느끼는구나' 하고 알아차리고 조절해서 다르게 행동할 수 있다.

"결혼해서 불행해졌다", "육아 때문에 우울하다", "남편 때문에 스트레스받아서 죽겠다"라고 하지만, 결혼 전에는 내 인생이 늘 행복했나? 결혼해서 힘들고 우울한 날을 보내는 사람은 그전에도 그런 인생을 살았을 가능성이 크다. 결혼 전에도 지금과 똑같이 사소한 것에 마음 상하고 내 행복을 위한 일보다 그렇지 않은 일을 더 많이 하고 살았을 것이다. 내면이 평온하지 못하면 부부 관계도 안정되지 못하다. 나아가 자녀와의 관계와 직장 생활도 편하기 어렵다. 그래서 가장 중요한 건 내 몸과 마음이며, 나의 상태를 알고 다루는 능력이다. 마음은 내가 아니며 나는 마음의 주인이다. 마음에 휘둘리는 사람이 아니라 마음을 결정하는 사람이다. 내 마음도 결국 내가 책임져야 하는 것임을 기억하자.

마음의 주인이 되는 감정 일지 쓰기

결혼 준비할 때 '할 일 리스트' 작성보다 먼저 추천하는 건 '감정일지' 쓰기다. 결혼 준비를 시작하면 온갖 감정의 요동을 겪는다. 그래서 스트레스가 크고 연인과 다투기도 한다. 다양한 마음을 만나는데, 그 마음을 적절히 다루지 못해서 그렇다. 결혼 전부터 시작해서 아이 낳을 때까지 쓰면 더 좋다. 매일 쓰지 않아도 된다. 불편하거나 힘든 마음이 있을 때 쓰면 내 마음을 이해하는 데 도움이 되고, 해결책을 찾을 수도 있다. 결혼과 출산은 감정과 호르몬, 체력의 싸움이라고 해도 과언이 아니다. 마음이 지칠 수밖에 없는 여정이다. 그래서 미리 마음에도 근력을 길러야 한다. 그냥 머리로 생각하면 내 생각을 합리화하기 쉽고 모호한 마음을 잡아내기도 어렵다. 마음을 글로 풀어낸다는 생각으로 써보면 훨씬 감정이 명료해진다.

〈 감정 일지 예시 〉

1. **있었던 일**: 지난주, 오늘 해야 할 결혼 준비를 오빠에게 말해줬는데 전혀 기억하지 못하고 다시 나에게 물었다. 너무 화가 나서 이거 누구 결혼이냐고 따졌다.

2. **그때 들었던 생각**: 자기 결혼인데 왜 관심이 없지?, 나를 사랑한다면 나서서 할 텐데 왜 나만 자꾸 애써야 하는 거지?

3. **느꼈던 감정**: 미움, 섭섭함, 불안함

4. **숨은 나의 욕구**: 관심, 사랑, 협력, 소속감

5. **사건 재해석**: 요즘 회사 일이 바쁘다고 했는데 결혼 준비와 동시에 처리하기 조금 버거운 상태일 수도 있겠다. 내가 주도해서 결정한 부분이라 나에게 물어보는 게 빠르다고 생각했겠다. 둘 다 처음 하는 결혼 준비가 어렵고 혼란스러운 것도 당연하다. 결혼 준비에 마음이 바빠져서 혼자 준비하기보다는 오빠와 함께 의논하면서 천천히 진행해야겠다.

6. **추후 행동**: 오빠가 그렇게 행동했을 때 내가 드는 섭섭한 감정을 솔직히 말하고 결혼 준비하는 지금의 오빠 마음도 한번 들어봐야겠다.

인간이 느끼는 고통의 대부분은 삶이 내 뜻대로 되지 않아서이다. 그래서 '내 뜻'이 뭔지 찾는 게 중요하다. 내 마음이 현재 어떤 상태인지 알아차리기만 해도 무의식에 있던 것들이 의식화되어 해소가 일어난다. 내 마음을 잘 아는 내가 되어 사랑하는 사람과 건강하게 소통해 보자.

내면 리모델링

자유란 나에게 있었던 일들을
내가 다루는 것이다.

장 폴 사르트르

내면의 상태가 곧 결혼의 상태다

좋은 결혼의 시작은 '자기 치유'다. 나는 아무 문제 없는 사람
인데 무슨 뚱딴지같은 소리냐고? 천만의 말씀. 사람은 누구나
문제가 있다. 왜냐하면 문제를 겪은 경험이 있기 때문이다. 결
혼을 앞두었다면 대부분 최소 삼십 년 정도의 인생은 살아온 사
람일 테다. 그동안 수많은 일들을 겪었고 그 경험의 흔적은 모두
내 안에 있다.

영화 〈인사이드 아웃〉을 떠올리면 이해가 쉽다. 주인공 라

일리 안에는 다양한 감정 친구들이 산다. 거기엔 커다란 기억 창고가 있는데 자주 떠올릴 수 있는 기억을 보관한다. 그 외 라일리가 아파할 기억은 장기 기억 장소로 보내지고, 어떤 기억은 떠올릴 수 없도록 더 깊숙한 기억의 쓰레기장으로 버려진다. 저장소는 다르지만 모두 내 안에 저장되어 있다. 표면 의식은 당장 기억하지 못하더라도, 깊숙한 무의식 속에서는 절대 사라지지 않는다. 거부, 모욕, 부당함, 외로움 등 우리에겐 다양한 상처가 잠들어 있고, 비슷한 상황을 겪으면 그 느낌이 다시 깨어나기도 한다.

"그때 내가 왜 그랬을까?"

가끔은 어떤 행동을 하고도 나조차도 왜 그랬는지 알지 못할 때가 있다. 순간 너무 화가 나서 화를 내놓고도 왜 냈는지는 모르는 경우다. 그런 일이 생기는 이유는 어떤 자극이 무의식에 숨겨진 기억을 건드렸기 때문이다. 과거와 비슷한 분위기나, 입장, 감정을 겪으면 그 일과 전혀 무관한 일인데도 소스라치게 놀라며 반응하게 된다. 나를 보호하기 위한 본능이다. 그런데 문제는 그 반응이 현재의 나에게 그다지 도움이 되지 않을 때가 많다는 사실이다.

예를 들면 배우자가 "여보, 왜 간식 먹은 걸 제대로 치워놓지 않은 거야?"라고 말했을 때 "내가 그랬네. 조금 있다가 한다는 게 늦어졌어. 다음부터는 바로 치워둘게."라고 말하면 끝이다. 그런데 그렇게 대응하지 못하고 갑자기 어릴 때 엄마에게 비난당한 기억이 나면서, '쟤도 날 무시하네, 나는 결혼해서도 이렇게 살아야 하나'라는 생각을 해버린다. 결국 대답도 없이 그 자리를 피하거나 도리어 더 크게 화를 내고 만다. 떠올리고 싶지 않아서 숨겨두었던 기억 속 감정이 건드려지니, 과거의 상황과 동일시하면서 버럭 화를 내고 마는 것이다.

연인이나 부부가 비슷한 이유로 싸우는 것도 이 때문이다. 상대의 아픈 부분을 건드리지 않도록 해야겠지만, 내가 아닌 이상 그 사람의 마음을 모두 알 수 없다. 그래서 이유 없이 화가 나는, 나도 모르게 움츠러들거나 분노하게 되는, 나의 '발작 버튼'을 내가 잘 알고 있어야 한다. 그래야 스스로 조절할 수 있고, 최소한 상대에게 부탁이라도 해볼 수 있다.

"나는 과거에 이런 일이 있었고, 그때 참 많이 힘들었어. 그래서 이러저러한 이유로 이런 일이 생기거나 비슷한 상황일 때 화가 나고 힘들어. 물론 나도 조심하도록 노력하겠지만 내가 더 나아질 수 있게 당신이 도와주면 좋겠어."라고 말해보자.

현재 겪는 일은 내 앞의 사람과 처음 겪는 일이다. 매일 보는 가족이라고 하더라도 똑같은 상황은 절대 없다. 과거의 판단이 아니라 지금 상황에서 판단하고 대응하며 해결해 보자.

스스로 상처 돌보기

우리가 가진 '발작 버튼'은 연약한 부분이다. 인간은 동물과 달리 태어나면 누군가의 보호를 받아야 살아남을 수 있다. 아무것도 할 수 없는 아이는 세상에서 약자일 수밖에 없고 모든 건 일어나는 그대로 감당해야 한다. 또 다른 문제가 있다. 아이는 미성숙한 상태여서 상황을 명확하게 판단하기 어렵다. 인지 왜곡이 섞인 해석을 기억한다. 그래서 사람들은 어릴 적 받았던 상처와 비합리적 판단을 여전히 지니고 살아간다.

유명한 정신분석학자였던 카를 구스타프 융은 "의식되지 않은 무의식은 곧 운명이 된다."라고 말했다. 나를 반복해서 넘어뜨리는 무의식을 그대로 두면, 반복된 패턴으로 결국 운명이 된다는 말이다. 하지만 이제 나는 어른이 되었고, 나와 나의 경험을 새롭게 해석할 힘이 있다. 이제는 다르게 생각하고 새롭게 행동해 보자.

불교의 가르침 중에 '두 번째 화살을 맞지 말라'는 말이 있다.

우리는 살면서 다양한 사건을 경험한다. 그 불행이 나에게 일어났다는 사실인 첫 번째 화살은 피할 수 없다. 하지만 그로 인해 만들어 내는 분노, 절망, 슬픔, 우울 같은 감정은 내가 나에게 직접 쏘는 두 번째 화살이다. 그때는 그럴 수밖에 없었지만, 이제는 달라졌다는 마음으로 스스로 일어날 수 있어야 한다. 사람은 모두 심리적 구멍이 있다. 그 구멍은 겉으로는 상처라는 모습으로 보이지만, 사실은 나의 몫으로 남겨진 소중한 선물이다. 어른이 되면 나의 심리적 구멍은 내가 채우며 살아야 한다. 스스로 나의 부모가 되어서 지지와 용기를 주고 나를 돌보며 살아야 하는 것이다. 상처를 스스로 해결해야 하는 것이 억울하다고 생각할 수도 있겠지만 그 시간을 통해 진정한 자기 존중과 자기 사랑을 배운다. 나에게 내가 있다는 게 얼마나 든든한가! 혼자도 충분한데 평생을 함께할 배우자도 있다. 천하무적이다. 스스로 괴롭히는 시간은 멈추고 건강하고 건전한 내면으로 나의 앞날을 채워나가자. 웃기만 해도 모자란 인생이다.

튼튼한 자존감으로 결혼하기

아내인 K는 남편 Y를 시샘하고 질투한다. 대기업에 다니는 남편을 두고도, 남편이 잘나서 좋다는 말보다 자기 혼자 잘난 척하는 게 꼴 보기 싫다고 말한다. 도대체 왜 그럴까?

남편인 M은 아내인 S를 정말 사랑한다. 그래서 자기 의견은 없이 대부분 아내에게 맞춘다. 그런데 자신의 실수에 과도한 죄책감을 느끼거나 때로는 심한 역정을 낸다. 도대체 왜 그럴까?

모두 자존감 때문이다. 자존감이란 있는 그대로의 나를 내가 존중하는 마음이다. 어떤 조건에 부합하거나 특정 상태의 내가 아니라 존재하는 것만으로도, 존재 자체만으로도 나를 가치 있다고 여기고 나를 긍정하는 것이다. 이렇게 나를 귀하게 여기는 감각인 자존감이 흐려지면 자존심을 부리게 된다. 자존심은 외부에 초점을 맞춘 마음이다. 내가 타인에게 받는 인정이 중요해진다.

가족치료의 어머니라 불리는 심리학자 버지니아 사티어는 "한 개인이 자신의 가치를 인식하고 자아 존중감을 가지는 것이 중요하다."라고 말하면서 그것은 가족 구성원 간의 관계에도 영향을 미친다고 했다. 자존감이 높은 사람들은 의사소통을 원만하게 하므로 부부관계도 원활하고 자녀들의 자존감 형성에도 좋은 영향을 끼친다. 자존감이 낮으면 피해의식이나 부정적인 감정에 지배되어 건강한 삶을 이뤄가기 어렵다. 과도한 열등감, 수치심, 죄책감 같은 것들은 결혼생활에도, 나 자신에게도 긍정적인 영향을 주지 못한다. 결혼 전에 나의 부정적 패턴이나 자존감 상태를 점검해 보며 필요한 노력을 해보도록 하자.

나를 바꿀 수 있는 사람은 오직 나뿐이다. 내 안에서 두 번째 화살을 쏘는 내부의 비판자를 잠재우고 부족한 모습 그대로 사랑스럽게 여길 수 있는 순수한 응원자를 깨워보자. "나는 내가 좋다."라고 당당히 말할 수 있도록.

결혼을 보는 마음의 눈

세상은 내 마음을 비추는 거울이다.

채근담

때 묻은 마음의 안경을 닦자

"콧구멍이 왜 이렇게 작은 거야. 신경이 거슬려서 뭘 할 수가 없어."

한동안 남편 숨소리가 거슬려서 도무지 살 수가 없었다. 몸이 힘들고 마음의 여유도 사라지면서 신경이 예민해진 탓이었다. 우리도 나름 알콩달콩 연애하다가 사랑해서 결혼했는데 이렇게 될 줄은 몰랐다. 분명히 처음 결혼했을 때는 행복했다. 남편이 곁에 있는 것만으로도 좋았고, 함께 장보고 밥 먹는 소소한 일상도 행복이었다. 드렁드렁 코를 골아도 고목의 매미처럼 남편에게 매달려서 잤고 저녁에 술상을 차려주면 맛있게 먹는 모습만 봐도 좋았다. 하지만 결혼생활이 지속되자 그랬던 우리는 사라지고, 성능 좋은 망원 카메라 들고 트집 잡을 곳만 줌인하는 너와 내가 남았다. 많은 기혼자가 말했던 것처럼, 결혼하면 변하는 걸까? 잡은 물고기라고 밥 안 주는 걸까? 진실은 알 수 없었지만, 최소한 우리가 그렇게 된 이유는 찾아야 했다.

'내가 똥 눈이었구나.' 결혼해서 함께 살기 시작하니 남편의 단점만 보였다. 마음에 들지 않는 것투성이였다. 사랑의 유통기한이 고작 2년이고 내 눈의 콩깍지가 벗겨져서 그렇다고 해도 이건 너무했다. 자꾸 남편의 부족한 면만 보이니 내가 똥 눈이었다는 결론밖에 내릴 수 없었다. '내 안목의 치명적인 문제로 스스로 무덤을 팠구나', '아무리 남자가 없어도 너랑은 연애 안 한다는 내 신조를 지켜야 했는데' 그러다가 순간 다른 생각이 났다.

'내 눈이 진짜 똥 눈은 아닐까?', '보는 눈이 없어서 그런 사람을 고른 게 아니라 멀쩡한 사람을 이상하게 보는 진짜 똥 눈이 된 건 아닐까?'라고 말이다. 사는 게 힘드니 마음이 꼬이고, 마음이 꼬이니 눈에 얼룩이 졌다는 걸 알았다. 그때부터 나는 내 눈을 믿지 않았다. 똥 눈으로 남편과 결혼생활을 볼 때마다 마음의 눈을 열심히 닦았다.

결혼생활에 필요한 진실의 눈 기르기

남편이 거실 소파에 누워 입을 헤벌쭉 벌리고 웃으며 TV를 보고 있다. 널브러진 과자 봉지와 함께. 만약 이 사람이 당신의 배우자였다면 어떻게 보이겠는가? 내 집에서 이런 모습이 펼쳐지면 대부분 배우자를 있는 그대로 보지 않는다. '또 저렇게 꼴 보기 싫게 드러누워 놓고 있네'로 볼 가망성이 크다. '사랑하는 그이가 즐거워하고 있구나'로 볼 수도 있고, '참 편안하고 행복해 보이네'로 볼 수도 있지만 우린 그러지 않는다. 내가 바라는 배우자의 모습은 따로 있으니까.

사실 여기서 진실은 '남편이 소파에 누워있다', '웃고 있다', 'TV를 보고 있다', '과자를 먹고 있다' 네 가지뿐이다. 나의 호불호와 기준, 욕구와 감정이 필터가 되어 마음대로 해석한다. 나는 그 사람 그대로가 아니라 내가 정의한 그 사람을 보는 것이다. 그리고 내가 정의한 그 사람과 사는 게 바로 결혼이다.

뭐 눈에는 뭐만 보인다는 말처럼 이 세상을 정의하는 건 바로 '나'다. 눈으로 받아들이는 감각은 아무것도 판단할 수 없다. 내가 눈으로 본 것은 마음을 지나 머리에서 정의한다. 나의 개인적인 평가 판단을 거쳐서 비로소 '그것'과 '그 사람'이 되는 것이다. 우리는 모두 자기중심성을 가지고 살아간다. 하지만 자기중심성에만 빠져 살면 어리석은 행동을 하게 된다. 내 생각이 모두 맞다고 여기고 틀린 생각도 진실이라고 믿으면서 괴로워한다. 사람은 태어나 성장하면서 나에게 필요한 특정 가치관과 신념을 선택하고 비로소 '나만의 마음 안경'을 만든다. 하지만 내 안경이 절대적이라고 생각해서는 안 된다. 때론 유연할 수 있어야 한다. 나는 계속 변하고 세상도 바뀐다. 상황에 따라 기존에 가진 것을 지우고 다른 것으로 바꿀 수도 있어야 한다. 그러니 우리는 배우자를 탓하고 지적하기 전에 그 사람을 보는 나의 마음이 깨끗한지부터 점검해야 한다. 이 세상은 내 마음을 비추는 거울일 뿐이다.

결혼생활의 질을 좌우하는 '프레임'

사람은 자기가 보고 싶은 대로 세상을 본다. '보고 싶은 대로'라는 건 그렇게 보게 되는 특정 관점이 있다는 말이다. 우린 모두 자신만의 관점과 틀인 프레임을 가지고 산다. 남편은 어떠해야 하고, 엄마는 어떠해야 하며, 사랑한다면 어떻게 해야 하고, 결혼했으면 어떻게 해야 하는지 등을 모두 이 프레임이 결정한다. 그래서 결혼할 땐 내가 어떤 프레임을 가지고 있는지 아는 게 중요하다. 자신만의 고유성과 가치로 나만의 삶을 구현하는 건 중요하지만, 프레임에 갇혀 편협한 삶을 사는 건 곤란하다. 사랑한다는 이유로 가족에게 내 것만 강요하는 건 건강하지 않은 태도다. 내가 가진 프레임이 성장을 돕고 관계를 풍요롭게 하는지, 아니면 갈등을 만들어 내는지 주의해서 살펴보자.

내가 프레임 관리를 위해 가장 먼저 시도한 건 '관찰'이었다. 내가 가진 프레임을 찾으려면 우선 내 생각과 행동을 지켜볼 수 있어야 한다. 그래서 관찰을 하면서 내가 가진 프레임 안에서 지속할 건 무엇이고 바꿀 건 무엇인지 살펴나갔다.

두 번째로 했던 건 '의심'이다. 내가 가진 그것만이 정답인지 스스로에게 물었다. 바이런 케이티의 《네 가지 질문》이라는 책을 보면 'work'라는 작업 질문이 소개되어 있는데 그걸로도 도움을 받았다. 어떤 생각으로 괴롭다면 "그것이 과연 진실인가?"라고 스스로에게 묻는 것이다. 싸우고 화가 나서 돌아서는 남편을 보며 '나를 사랑한다면 저럴 수 없을 텐데'라는 생각이 들었다. 그때 멈춰서 그게 정말 진실인지 나에게 물었다. 질문을 던지고 생각해 보니 그건 나의 정의고 원하는 사랑 방식이 있어서 내리는 판단이었다는 걸 알게 되었다. 그 사실을 깨닫고 그는 여전히 나를 사랑하지만, 화가 나면 그럴 수 있겠다는 이해가 피어났다.

내가 가진 프레임을 위한 마지막 방법은 '자아상'을 바꾸는 일이었다. 이 방법이 가장 중요하고 효과적이다. 심리학의 거장 중 한 사람인 알프레드 아들러는 프레임과 비슷한 맥락으로 '생활 양식'이라는 개념을 설명했다. 그 사람의 특정 생활 양식은 자기관과 세계관이 반영된 전략이다. 세상을 바라보는 창인 나만의 프레임은 특정한 생활 양식을 나타내게 되는데, 내가 나를 좋은 사람이라고 느낄 수 있으면 내 앞의 사람도, 이 세상도, 좋은 사람 좋은 곳으로 볼 수 있는 재료가 생기는 맥락이다. 그래서 내가 가진 나에 대한 인식이 곧 좋은 프레임을 만드는 일이기도 하다.

"나는 행복한 사람인가?, 나는 즐거운 사람인가?"

그렇다면 오늘의 우리 가정도, 결혼생활도 순항 중이다.

내 인생의 2막을 준비하는 방법

인생 전체를 그려보고
쉽게 낙담하는 일이 없도록 하라.

마르쿠스 아우렐리우스

결혼하기 전에 나의 삶을 되돌아보기

결혼을 앞둔 나, 이제 새로운 삶의 여정을 시작하려 한다. 하지만 막막하다. 잘 살고 싶어서 선택한 결혼이지만 앞으로 어떤 미래가 펼쳐질지는 미지수라서. 이럴 때 우리가 할 수 있는 일은 앞을 생각하기 전에 먼저 뒤를 돌아보는 일이다. 결혼을 준비할 때는 나의 과거를 돌아봐야 한다. 결혼이란 그동안의 삶과는 많은 것들이 바뀌는 기로다. 새로운 일들이 펼쳐지는 인생 2막이기도 하다. 그렇다면 당신의 2막이 펼쳐지기 전에 살아온 1막을 잘 마무리해야 하지 않을까.

혼인 여부를 떠나서 누구나 마흔 정도가 되면 자연스럽게 삶을 돌아보게 된다. 앞만 보고 달려가던 삶을 멈추고 '지금 이렇게 사는 게 잘사는 걸까?', '계속 이렇게 사는 게 맞을까?'라는 내적 물음을 던지게 된다. 그때부터 신체에 급격한 변화가 오기도 하고, 달려온 과거보다 달려갈 미래가 점점 짧아지기 때문이기도 할 것이다. 공자가 마흔을 '불혹(不惑)'이라고 부르며 세상일에 정신을 빼앗겨 판단을 흐리는 일이 없는 나이라고 일컫은 이유도, 역설적으로 그만큼 인생에서 많은 혼란을 겪고 몸과 마음이 흔들릴 나이여서 일지도 모른다. 흔들리면서 힘을 기르라고 말이다.

마흔이 되어 심리적 혼란을 겪기 전에 결혼을 기점으로 쉼표를 한번 찍으면 도움이 된다. 자라온 시절을 정리하면서 브레이크를 살짝 밟는 거다. 앞으로 더 잘 달리기 위해서. 한 해를 맞이하기 전에 살아온 지난해를 돌아보는 것처럼, 결혼이라는 삶을 맞이하기 전에 지나온 삶을 돌아보며 앞으로 나아갈 양분을 얻어보자. '나는 어떤 삶을 살았지?'라는 짧은 회고 하나로도 내 삶을 이해하는 데 도움받을 수 있다. 내가 겪었던 과거의 경험들은 모두 미래를 위한 선물이니까.

결혼 전에 인생 1막을 마무리하는 방법

인생 그래프 그리기

'인생 그래프'란 나의 지난 삶을 점과 선으로 표현한 그래프다. 이 그래프를 그려보면 태어나서 지금까지 생애 주기별로 내가 어떤 일을 겪었고 그 일로 어떤 영향을 받았는지 알 수 있다. 각자 그래프를 그린 뒤 배우자와 나누기를 권한다. 인생 그래프를 그릴 땐 감정동요 없이 심리 상태가 무난한 날에 하는 게 좋다. 개인의 정서 상태가 그 사건을 평가하는 잣대가 될 수도 있기 때문이다. 잠시 호흡하거나 명상을 통해 이완한 후 그리면 좋다.

그리는 방법은 쉽다. 종이에 수평선을 그리고 x축은 나이, y축은 행복도를 표시한다. 인생의 주요 사건들을 떠올려보고 해당하는 시기에 표시한다. 그런 다음 그것이 내게 어떤 영향을 주었는지 생각해 본다. 좋았던 일은 수평선 위에, 나빴던 일은 아래에 점 찍는다. 그리고 그 점들을 연결하면 내 인생의 굴곡이 보인다. 어떤 경험을 100% 행복과 불행으로 정의할 수는 없겠지만, 사건 자체의 좋고 나쁨을 떠나서 내가 그 사건을 그렇게 느꼈다는 기억이 중요한 정보다.

경험과 감정 나누기

좋았던 일은 무엇이었고, 나빴던 일은 무엇이었나? 그 일들이 나에게 어떤 영향을 주었나? 지금의 나를 형성하는데 어떤 기반이 되었나? 그래프에 찍은 점을 보며 이야기를 나눠보자. 왜 나에게 큰 영향을 주었는지, 그 속에서 뭘 배웠는지, 삶에 변화를 일으키거나 도전했던 건 무엇이었는지 과거 경험을 회고하면 나를 이해하는 데 도움이 된다. 어릴 적 사진을 들고 와서 같이 이야기해 봐도 좋다. 지금과는 달랐던 서로를 보며 더 깊이 이해할 수 있고 자신에 대해서도 알게 된다. 과거를 이야기 나눌 때는 그때 느꼈던 감정도 공유해보자. 과거의 희로애락을 서로 공감하는 경험을 통해 앞으로의 희로애락도 함께 할 수 있는 태도를 기를 수 있다.

삶을 돌아보고 깨달은 것 나누기

인생 그래프를 그려보면 삶이 한눈에 보인다. 힘든 시간도 있었지만, 생각보다 행복했던 일도 많았다는 걸 발견한다. 고통 속에 성장이 있었다는 것도 알게 된다. 심리학자 랜디 라슨은 사람이 긍정적 감정에 비해 부정적 감정의 강도가 세 배나 높다고 보았다. 지난 과거에 대해 힘들었던 기억이나 감정적 왜곡이 많은 이유는 위험에서 살아남아야 했던 원시의 뇌가 자신을 보호하기 위한 생존 전략으로 부정성 편향을 지녔기 때문이다. 그래서 내 삶을 조금 떨어져서 바라보면 다르게 해석해 볼 수 있는 여유가 생긴다. 그리고 좋았던 기억이든, 나빴던 기억이든 모두 내 삶이기에 소중하다는 걸 알게 된다. '응애' 하고 태어난 뒤의 모든 1분 1초가 모여 내 인생이라는 작품이 되었고 지금의 나를 만들어주었다는 걸 기억하자.

결혼이라는 인생 2막을 기쁘게 맞이하기

걸어온 길을 아는 사람은 가야 할 길을 안다. 오늘 하루를 마감하며 어떻게 살아왔는지 돌아보는 사람은 내일을 기대할 수 있다. 인생 그래프를 통해 과거를 돌아보면 앞으로의 삶에 대한 소망이 생기고, 결혼이라는 큰 사건이 포함된 미래의 방향을 설정할 수 있다. 앞으로의 삶에도 크고 작은 기쁨과 시련이 있을 거라는 걸 자연스레 알게 되고 두려움보다는 이겨낼 힘을 비축한다. 삶은 늘 그랬던 것처럼 우리가 예상한 대로만 굴러가지는 않겠지만, 가야 할 방향을 알면 지금을 더 잘 살아낼 수 있다. 삶에서 겪었던 그동안의 사건들처럼 결혼도 내 그래프에 한 점이 되어 훗날 나를 이해하는 고마운 도구가 될 것이다. 누구에게나 삶은 어렵고 힘들다. 하지만 진정한 삶의 의미는 좋은 일들만의 나열일 때보다 어제보다 조금 더 나은 내가 될 때 만들어지는 것 아닐까.

Part 4

인정해야
결혼의 주인이 된다

부부는 이심이체

배우자를 두고 처음부터 남이라고 생각해 봐.

실망할 것도, 원망할 것도 없지 않겠니.

그래서 난 주례사에서 이렇게 말해.

부부에게 일심동체란 없다고.

이어령,《딸에게 보내는 굿나잇 키스》

부부는 몸도 마음도 따로

'부부 일심동체.' 들어서 알고는 있는 말인데 대체 어디서, 어떻게 알게 된 건지는 모르겠다. 무의식이 이래서 무섭다. 중요한 건 내 생각이고 왜 그렇게 생각하는지 나의 이유가 있어야 하는데, 익숙한 말은 묻지도 따지지도 않고 '그냥 그런 거구나' 한다.

결혼을 몰랐던 신혼 땐 '부부 일심동체'를 당연한 말이라고 생각했다. 하지만 결혼 연차가 쌓인 지금은 그 말에 동의하지 않는다. 살면 살수록 더 느끼는 거지만 부부는 아무리 봐도 '이심이체'다.

일심동체(一心同體)는 한마음 한 몸이라는 뜻으로 '서로가 굳게 결합한다'라는 의미가 있는 사자성어다. 그렇다면 부부는 무조건 하나가 되어 살아야 한다는 말인데, 살아보니 불가능이다. '부부 일심동체'를 마치 훌륭한 부부의 표석이나 정답처럼 생각하면 결혼생활은 힘들다. 아무리 노력해도 영원히 이룰 수 없는 허상이니까. 나의 아들들은 둘 다 내 배에서 나왔는데도 참 다르다. 하물며 부부는 서로 다른 배에서 나왔다. 절대로 같을 수 없고, 같아서도 안 되는 사람들이다.

많은 사람이 '부부 일심동체'가 되려고 애쓰다가 도리어 불화를 맞는다. 불가능한 일이고 그럴 필요도 없는데, 그래야 한다고 생각하니 자꾸 하나가 되려다가 되지 않으니 싸운다. 부부 갈등은 같은 마음이 아니라서 생기는 게 아니다. 서로 내 말만 맞다고 우겨서 생긴다. 우린 하나니까 내 뜻과 같아야 하는데, 그 사람 마음이 나와 다르니 속상하고, 답답하고, 그러다가 싸운다.

이미 결혼한 사람들은 스스로 답을 알고 있다. 그들은 농담처럼 이렇게 말하니까.

"결혼은 로또야. 안 맞아도 너무 안 맞아."

진실을 깨달았으니 그대로 받아들이면 되는데 계속 거짓을 좇으며 괴로워한다. 자꾸 우리를 너무 안 맞는 부부, 행복하지 않은 관계라고 착각한다. 진실은 알지만, 원하는 건 따로 있으니 그렇다. 그건 바로 배우자가 내 마음과 같았으면 하는 욕구다.

가족을 나의 일부로 착각하는 뇌

"결혼할 때는 행복하고 기쁘게 하지만, 결혼하고 나서 많이 싸우기도 하고, 부딪히기도 하고 화가 많이 나기도 할 것 같아 요. 보통 내가 남남일 때는 상대 눈치를 보는데 가까워져서 '이 사람이 내 사람이다'라고 생각을 하게 되면 뇌 안에서도 이 사람 을 나의 신체 일부라고 보게 돼요. 이 사랑의 마음이 내 몸의 일 부처럼 느껴지니까 통제가 안 될 때 화가 더 많이 올라와요. 그 래서 통제하려는 욕구를 버리고, 바꾸는 거는 내 몸 하나 바꾸고 내 마음 하나 바꾸는 것밖에 할 수 없습니다."

MBC 〈라디오 스타〉에 출현한 장동선 뇌과학자가 말한 우 리 뇌의 특징이다. 이 사실을 알고 나서 그동안 속 끓인 게 좀 속 상하기도 하고 그 시간이 안타깝기도 했다. 우리의 문제가 아니라 인간이 가진 속성이었다니. 이제는 이해를 바탕으로 새롭게 시도해 볼 수 있겠구나 싶었다.

가족은 가까운 사이라서 나와 동일시하거나 관계를 마음대로 주도하려고 한다. 하지만 가족이라도 서로의 거리에는 솔바람이 불 수 있어야 한다. 그렇지 않으면 남인데도 나처럼 여기고 함부로 대하기 쉽다. 내 일처럼 개입하고 상대의 의견을 존중하지 않는다. 결국 서로 상처 주고 다친다. 거리가 먼 타인과의 갈등은 극복이 쉽지만, 가까운 가족이 주는 상처는 회복이 어렵다. 강도가 깊고, 여러 상황에서 생기고, 반복해서 경험하기 때문이다. 많은 시간을 공유하는 만큼 잦은 문제를 겪는 게 바로 가족이다.

가족을 '나의 것'이라는 소유의 개념으로 생각하면 안 된다. 가족한테는 그렇게 해도 되고, 가족이니까 당연히 그렇게 해줘야 한다는 생각에서 벗어나자. 만약 가족에게 자신과 같기를 강요하는 사람이 있다면 그 사람은 자신도 힘들게 하는 사람일 가능성이 크다. 스스로 존중하는 사람은 타인의 마음도 존중한다. 내 입장을 이야기할 수 있고 부탁할 수는 있지만, 선택은 상대의 몫이다. 배우자를 보며 백날 이야기해도 사람이 안 바뀐다고 말한다. 당연한 얘기다. 그 사람이 바뀔 생각이 없으면 백날이 아니라 천일 동안 말해도 바뀌지 않는다. 사람은 오히려 있는 그대로를 존중받을 때 그 믿음의 힘으로 변한다. 스스로 더 나은 내가 되고 싶어지니까. 가족이 나라고 착각하는 뇌에 속지 말고, 있는 그대로의 그 사람을 보려고 노력해 보자. 인정의 시작이 사랑의 시작이다.

결혼이란 두 사람이 손을 잡고 걸어가는 것

부부라고 해도 그 사람은 나와 엄연히 다른 사람이라는 사실을 기억하자. 함께 살면서 내 뜻과 남편 뜻이 다를 때, 참 섭섭했다. 속상함을 넘어 원망스러울 때도 있었다. 사랑하는 사람이기에 내 마음과 같기를 바라는 본능, 연결되고 싶은 마음이 있었다. 하지만 사랑한다고 모든 생각과 마음이 맞아야 한다고 생각하는 건, 셀프 고통을 초래하는 일이다. 무조건 같은 마음이기를 강요하는 건 사랑이 아니라 이기심이고, 의존이며, 폭력이다. 결혼 출발선에서부터 우리는 서로 다른 뇌와 심장을 가졌다는 사실을 기억한다면 달라서 오는 불편에서 조금은 자유로울 수 있다.

부부란 서로의 뜻이 일치하는 일심동체가 아니다. 각자의 생각과 마음이 있는 이심이체임에도 불구하고 한걸음 양보하고 한 걸음 다가가 옆에 서는 사랑의 관계다. 한마음이 되어야 한다는 생각에 집착하지 않으면 다른 마음을 가진 우리가 정상으로 보인다. 부부가 다른 생각을 가진 건 각자의 개성이고 살아온 발자국이다. 고유한 삶의 증거인 만큼 오히려 구분되어야 하고 각자의 마음을 지켜줄 수 있어야 한다. 서로 다른 두 사람이 부부가 되었다는 사실만 잊지 않으면 된다. 그러면 서로 win-win 하는 제3의 길이 생긴다.

빨강이 빨강답게 살고 파랑이 파랑답게 살면서 서로 잘 조율해 나가면, 보라라는 우리만의 아름다운 색이 자연스럽게 만들어질 것이다. 나의 마음, 너의 마음이 온전히 있지만, 서로 양보하고 배려하고 이해하며 아름다운 관계를 만들어보자. 안 맞으면 당연하게 여기고, 잘 맞을 땐 기꺼이 기뻐하는 걸로.

틀린 게 아니라 다른 거예요

행복한 결혼생활에서 중요한 것은
서로 얼마나 잘 맞는가보다
다른 점을 어떻게 극복해 나가느냐 하는 것이다.

톨스토이

다름의 미학, 끼리끼리의 과학

"아니, 대체 왜 그래? 진짜 이해할 수가 없네."

하루에도 몇 번씩 내뱉었던 말이다. 결혼하면 서로 다른 부분 때문에 계속 부딪힌다. 내 기준에서 상대방은 도무지 이해할 수 없는 사람이다. 하지만 다르다고 자꾸 내 생각 내 방식만 고집하면 스트레스성 탈모나 이혼의 골문으로 누구보다 빠르게 갈 수 있다. 평생 다른 환경에서 다른 방식으로 살았으니 이해하지 못하는 게 당연하다. 너와 나는 다른 사람이기 때문에 다른 게 당연하다고 생각할 수 있어야 한다. 서로 달라서 도움을 주고받고 함께 했을 때 시너지가 생긴다. 서로의 고유성은 인정하되, 존중할 부분과 노력할 부분을 함께 대화하며 조율하는 게 필요하다.

연인은 서로 다른 부분에 매력을 느껴서 끌리고 내가 가지고 있지 않은 것으로 나의 빈 곳을 채워주기도 한다. 그런데 처음엔 매력으로 느꼈던 상대의 성격이 나와 다르다는 이유로 결혼하고 나서는 불편해진다. 나에게 필요했던 부분이 가장 답답하고 이해할 수 없는 부분으로 변하는 것이다. 결혼의 이유가 곧 이혼의 이유가 된다는 말도 그래서다. 한가지 성격은 양면성을 가지고 있기 때문이고, 상대방이 틀린 게 아니라 서로 달라서 생기는 일이다.

나의 남편은 이타적인 사람이다. 웬만하면 상대와 분위기에 맞춰서 행동하기 때문에 문제를 잘 만들지 않는다. 덜렁거리는 나와 달리 잘 챙겨주는 자상한 스타일이다. 연애할 때는 남편의 이런 성격이 좋았다. 그런데 결혼하고 나니 남편의 그 성격이 사사건건 마음에 걸렸다. 맞추기만 하는 수동적인 모습에 답답해 미칠 때가 많았다. 결혼은 서로 좋기만 하면 되는 연애와 달리, 중요한 결정을 내려야 하는 날의 연속이다. 스스로 알아보고 주도해서 집안 대소사를 처리해야 한다. 그런데 남편은 주장하기보다 맞추는 성격이니 무엇을 결정하거나 스스로 해내는 것에 어려움을 느끼는 사람이었다. 결혼 전 허용적이고 수용 잘하는 마음 넓은 남자가 결혼 후 줏대 없고 우유부단한 사람이 되어버린 것이다. 남편이 변해서일까? 아니다. 그 사람은 하나도 변하지 않았다. 나의 기대가 달라졌고 상황이 달라졌을 뿐이다.

그런데 결혼에서 재미있는 사실이 있다. 부부는 가까이서 보면 모두 다른데, 멀리서 보면 참 비슷하다. 끼리끼리 만나서 결혼하는 게 맞다는 생각이 들 정도다. 주변 부부들도 보면 하나같이 닮았다. 살면서 서로에게 물들어가는 것도 있겠지만 기본적인 성향이 비슷하다. 당사자들은 늘 서로 어떻게 이렇게 안 맞을 수가 있냐며 답답해하지만 남이 보면 도긴개긴이다. 유유상종이라는 말도 괜히 있는 건 아닌 것 같고, '내가 가장 많은 시간을 보내는 다섯 사람의 평균이 나'라고 했던 짐 론의 말을 떠올려봐도 분명 끼리끼리는 과학이다. 이 세상 수많은 사람 중에 내가 그 사람과 만나서 결혼한 것도 다 이유가 있지 않을까. 어차피 비슷한 사람끼리 만나서 결혼한 거라면, 서로 단점 찾는 것보다 장점 찾는 게 행복에 훨씬 가까워 보인다.

다름은 미학이다. 서로 존중하고 강점을 살려주며 살아가면 된다. 끼리끼리는 과학이다. 나와 비슷한 종을 비난하고 미워하는 대신 사랑스러운 부분을 찾아 귀하게 여겨보자.

80억 개의 별에서 사는 사람들

어느 날 가족과 공원을 산책하는데 사람들의 얼굴을 보며 문득 신기하다는 생각이 들었다. 눈, 코, 입, 귀 모두 가졌는데 이 세상에 똑같이 생긴 사람이 한 명도 없다는 사실이 경이로웠다. 수많은 사람이 지구에 살지만, 모습도 재능도 가지각색이다. 그렇게 생각하면 우린 다른 게 당연하고, 달라야 정상이고, 어떻게든 최대한 나의 다름을 보이는 게 오히려 잘 사는 길이다.

인간은 겉모습이 다른 것처럼 마음도 모두 다르다. 각자 자기만의 세계가 있고 모두 그 속에서만 산다. 타인이라는 다른 세계를 절대 경험할 수 없다. 그러니 그냥 다르다가 진리다. 하지만, 이 축복 같은 다름이 다르다는 사실 자체로 어려움을 만든다. 다른 관계야 좀 불편하다 싶으면 만나지 않으면 되지만 가족은 그럴 수가 없다. 가끔 만나는 다름이 아니라 매일 살붙이고 사는 다름이니 이걸 어떻게 받아들이고 조율하는지가 결혼생활의 관건이다.

우리 부부는 너무 기대하지 말자며, 서로를 유인원이라고 생각하기로 했다. 우스갯소리이기도 했지만 그렇게 생각하고 나니 이해의 폭이 넓어졌다. 멀쩡히 움직이며 사는 것도 대단한데 돈도 벌고 애도 보고 청소도 할 줄 아니까 우리가 훌륭하다는 생각이 들었다. 가끔 서로 이해되지 않는 행동을 하면 그땐 다시 '유인원이니까' 하고 가볍게 지나친다. 예전에는 남편도 나 자신도 늘 실망스러웠다. '최소한 이 정도는 해야지'라는 기준을 두고 이상적인 사람을 생각했기 때문이다. 지금은 있는 그대로의 우리를 인정해 주려 한다. 인간은 부족함을 가진 게 정상이고 서로의 생각 세계에는 들어갈 수 없으니, 비난하거나 바꾸려고 하지 말고 '그렇구나' 하고 이해를 하던지, '어떻게 할래?' 하고 의논하면 된다.

남녀의 차이, 나이의 차이, 지역의 차이, 환경의 차이, 가치관의 차이, 소통방식의 차이, 에너지 흐름의 차이. 그냥 다 차이다. 그것들을 통틀어서 성격 차이라고 한다. 결국 성격 차이로 이혼하는 건 사람 차이를 극복하지 못해서 헤어지는 것이다. 삶을 살아내는 방식이 다르고 같은 장소에서 같은 걸 봐도 다르게 해석하는 게 너와 나라는 사람이다. 그러니 다름을 잘 이용해서 다름의 단점이 아닌 이점을 요긴하게 쓰는 게 결혼해서 잘 사는 비결이다.

달라서 좋은 게 많구나

자, 상대의 단점을 면밀히 살펴보자. 지금까지 내가 봐왔던 이 사람의 모든 단점이 그대로라면?, 아무것도 바뀌지 않고 지금 이대로라면? 그래도 나는 배우자를 사랑할 수 있을지 생각해 보자. '결혼하면 나를 행복하게 해주겠지?'라는 생각은 혼자 마시는 김칫국이다. 결혼하면 달라질 거라는 생각도, 내가 그 사람을 바뀌게 해주겠다는 생각도 모두 버려야 한다. 그 사람은 지극히 자기답게 살 것이다. 지금 이대로, 여태 그래왔던 것처럼. 있는 그대로의 그 사람을 사랑할 수 없으면 나도 있는 그대로 그 사람에게 사랑받을 수 없다.

서로 다른 부분 때문에 불편함을 느끼면 이젠 나를 돌아본다. 내 고집은 아닌지, 그동안 한 방향으로만 살아온 건 아닌지, 또 다른 정답이 있는 건 아닌지 생각해 보고 나를 넓힌다. 솔직히 마음 한편에서는 가슴이 저릿할 정도로 자존심이 꿈틀댄다. 굽히기 싫다는 생각, 내 생각이 더 옳다는 확신, 뜻대로 되지 않아서 생기는 답답함이 유혹한다. 그래도 스스로 한풀 꺾어본다. 중요한 건 옳은 게 아니라 다정한 거니까. 내 생각 하나보다 더 중요한 건 우리 관계니까.

나는 너를 모른다는 열린 마음으로

대부분의 사람들은 생각하는 것이 아니라,
단순히 의견을 가질 뿐이다.

쇼펜하우어

상대를 알고 있다고 단정 짓지 마라

신혼여행을 끝내고 돌아와 일상생활이 시작되면 배우자의 사소한 습관부터 내가 모르던 성격까지 낱낱이 드러난다. 그 사람을 안다고 생각했던 건 극히 일부분이다. 원래 그런 사람이었는데 왜 이런 사람이냐고 답답해하기 시작하면 그때부터 관계는 산으로 간다. 나는 그 사람을 모른다'라는 마음으로 결혼에 입성해야 한다. 모른다고 생각해야 새롭게 보고 알아가려는 노력을 할 수 있다.

남편이 밤마다 아이스크림을 퍼먹으며 스트레스를 푸는 습관이 있다는 사실을 결혼해서 처음 알았다. 데이트하고 헤어진 후 집에서 벌어지는 일이니 몇 년을 연애해도 알 턱이 없었다. 그것 말고도 내가 모르는 사소한 습관은 무수히 많았고 그의 낯선 모습은 계속 등장했다. 친구 사이일 땐 남자다운 면이 멋있었는데 결혼하니 다른 사람이다. 툭 던진 말에 쉽게 삐치고 내가 먼저 어디 가자, 뭐 하자, 하지 않으면 아무것도 먼저 얘기하지 않는다. 돌이켜보면 그는 그때도 그랬는데 연애할 땐 열정이 넘쳐서 몰랐다.

연애는 설렘이 바탕이다. 서로 노력하고 좋은 모습을 보여주려고 한다. 하지만 결혼은 편안함이 바탕이다. 각자의 본래 모습을 더 많이 드러낸다. 편하고 익숙하니까 자기다워진다. 그러니 내가 알던 그 사람은 결혼 후 사라지는 것이다.

요즘은 MBTI, DISC 등 성격유형검사가 보편화되었다. 예전엔 혈액형 정도 알고 결혼했는데 이제는 대부분 서로의 기질이나 유형을 알고 결혼하는 것 같다. 하지만 인간은 매우 복합적이고 다중적인 존재다. 어떤 검사만으로 그 사람을 다 알 수 없고 같은 유형의 사람이라도 드러나는 양상이나 정도가 다르다.

"당신 인프피(INFP)라서 현실 감각이 없잖아."

이렇게 단정하는 건 위험하다. 성격유형검사 결과로 배우자를 판단하고 재단하는 건 서로의 장점을 가리고, 성장 가능성을 막는 일이다. 나는 저 사람에 대해 모른다는 걸 전제로 두고 새롭게 알아가려고 노력해야 한다. 평가의 눈이 아니라 관찰하는 눈이 필요하다. 진심으로 상대에게 관심 가지고 애정의 눈으로 살펴보며 사랑을 키워나가야 한다.

'이렇게 좋은 부분이 있구나', '이런 부분을 불편해하는 사람이구나.' 직접 찾고 느끼면서 나만의 데이터를 쌓아야 한다. 그래야 상대를 깊이 이해할 수 있고 그에 맞는 행동도 내가 선택할 수 있다.

가끔 남편을 탐구하듯 가만히 바라본다. 그러면 참 재미있다. 가족을 위해 애쓰는 모습도 보이고, 좋아하는 게 뭔지 불편해하는 게 뭔지도 보인다. 그리고 그 사람이 가진 마음도 보인다. '아, 저 사람도 많이 양보하고 사는 거구나' 하고 깨닫는다. 애정을 가지고 바라보고 있으면 내 곁에 있다는 것만으로도 감사하다는 생각이 피어난다. 소중한 사람이다. 존재만으로도.

우리는 서로를 100% 이해할 수 없다

배우자라는 그 사람도, 그 사람의 마음도 완전히 다 알 수 없다. 나도 나라는 사람을 다 알 수 없는데 어떻게 상대를 다 안다고 할 수 있을까? 내가 안다고 착각하는 건 그저 상대방에 대한 나의 과거 기억일 뿐이고 있었던 일에 근거한 판단과 해석에서 비롯된 생각이다. 그 과거조차도 내 마음대로 입력한 주관적인 기억이다. 인간은 자기 경험 안에서만 대상을 해석할 수 있기에 누군가를 완전히 이해하는 건 불가능하다. 그래서 중요한 건 이해하는 게 아니라 이해하려고 노력하는 일이다. '그렇구나' 하고 이해해 보려는 마음이 이해 그 자체보다 더 중요하다.

결혼해서 이런저런 갈등을 겪다 보면 회의감이 들기도 할 것이다. '내가 결혼 상대를 잘못 골랐나?', '특별히 우리 부부가 복이 없는 건가?' 별별 생각이 다 든다. 하지만 그럴 리가 없다고 내 생각에 소리칠 수 있어야 한다. 내가 잘못 고른 건 배우자가 아니라 내 생각이다. 부부가 살면서 부딪히고 갈등이 생기는 이유는 몰라서이다. 나에 대해서도 상대에 대해서도 결혼에 대해서도 몰라서 그렇게 행동할 뿐이다. 고의가 아니며 상대도 나도 더 좋은 사람이 되어가는 중이기에 그렇다. 나는 너를 모른다. 너도 나를 모른다. 그러니 판단하지 말고, 재단하지 말고, 낙인찍지 말고, 관심을 기울여 알아가고 이해하려고 노력해 보자.

영원히 알아가는 재미 누리기

천재 뮤지션 부부라 불리는 이장원, 배다해 부부는 SBS 〈동상이몽2 너는 내 운명〉에서 극과 극의 성격을 보여주었다. 공감 능력이 뛰어나고 감성적인 배다해와 달리 IQ 150인 이장원은 공부 말고는 다 미달인 감정 없는 고성능 AI 남편이었다. 이 정도라면 결혼해서 많이 부딪힐 것 같은데 부부는 오히려 달라서 좋다고 한다.

한 유튜브 채널에 출연해서 서로 불편을 지적할 때의 대화를 소개하기도 했는데 인상적이었다. "오빠는 물건을 이렇게 펼쳐놓는구나?", "다해는 수건을 구겨서 걸어놓네?" 이렇게 말했다. 나의 불편을 언급하지만, 주고받는 대화에 존중이 있었다. "왜 이렇게 해놓는 거야?"라며 따지지 않으니, 상대의 이유도 들어볼 수 있고 '그렇구나' 하며 이해하기도 쉬울 것 같았다. 몰랐던 부분을 발견하는 것처럼 말하면 상대도 방어할 필요가 없어진다. 감정을 건드리지 않고 대화하니 스스로 단점을 알아차리고 고치는 일도 생길 것이다.

내가 가지고 있지 않은 성향을 상대가 가지고 있으면 보통은 불편해한다. 심하면 싫어하고 비난도 한다. 그런데 달라서 같이 한 팀을 이루면 완벽하고, 서로 다른 모습이 아름답다고까지 말하는 부부를 보며 결국 모든 건 사실 그 자체보다 마음과 태도의 문제라는 생각이 들었다.

"여보! 당신의 새로운 면을 또 발견했어. 영원히 질릴 틈이 없겠다."

요즘은 이렇게 말한다. 예전에는 남편의 행동에 불편을 느낄 때마다 미치고 팔짝 뛸 지경이었는데, 말을 이렇게 하니 다르게 느껴졌다. 이래서 밖으로 내뱉는 말이 중요하다. 말로 하면 진짜 그렇게 생각하게 된다. 내가 몰랐던 부분을 영원히 발견할 수 있다고 생각하니 계속 새로운 사람이랑 사는 것 같아서 재미도 있다. 단순히 행복하게 잘 먹고 잘사는 일이 아니라 다름을 수용하고 걸음을 맞춰가는 일이 결혼이다.

좋은 부분을 좋게 보는 건 쉽다. 단점과 부족한 부분을 어떻게 생각하고 받아들일지는 어렵다. 품이 필요한 일이다. 그 어려운 일을 해내기 때문에 사랑이 위대하다. 부싯돌의 부딪힘은 불을 만든다. 우리가 서로 불편을 느끼고 부딪히는 그 부분이 서로를 성장시키고 더 나은 길로 나아갈 수 있는 작은 불씨가 될지도 모른다. 혹시 모르지 않는가? 내가 고집했던 방식을 내려놓는 순간, 자유가 내 손에 있을지도.

가족끼리 그러는 거 아니다

결혼에서의 성공이란
단순히 올바른 상대를 찾음으로써 오는 게 아니라
올바른 상대가 됨으로써 온다.
브리크너

가족은 당연한 사이가 아니다

사람에게 중요하지만 잘 인식하지 못하고 사는 게 있다. 바로 '공기'다. 평소에는 숨을 쉬는지도 모르고 산다. 가끔 하늘을 보며 크게 들이쉬고 나서야 '아, 내가 숨을 쉬고 있구나!' 하고 알아차린다. 다양한 관계 중에서 가족이 바로 공기 같은 존재다. 익숙하고 당연해서 애써 느끼지 않으면 중요하다는 사실을 잊는다. 결혼 초반에는 세상에 둘뿐인 것 같았는데, 시간이 흐르자 우리는 사라지고 삶만 남았다. 결혼해서 살면서도 서로의 당연하지 않음을 기억하고 소중한 존재라는 걸 잊지 않아야 했는데 숨이 턱 끝까지 차오르고 나서야 공기의 소중함이 떠올랐다.

며칠 전 여느 때와 마찬가지로 보조석에 앉아 장을 보러 가는 데 문득 그 상황 자체가 고맙게 느껴졌다. '남편이 없었더라면' 이라는 생각을 잠시 떠올리니 발이 묶일 상황이 허다했다. 나는 운전면허를 딴지 벌써 15년이 되었는데도 아직 운전이 서툴다. 그래서 대부분 운전은 남편이 도맡는다. 그런데 결혼생활 하는 동안 그 고마움을 눈곱만큼도 몰랐다. 그게 우리에겐 일상이었 기 때문이다. 남편은 드라이브가 취미이기도 할 만큼 운전하는 걸 좋아하기도 해서 운전대 잡아주는 걸 너무 당연하게 여기고 살았다.

남편이 운전하는 게 당연하지 않다는 걸 몰랐을 땐 옆에서 잔 소리만 했다. "왜 실선에서 끼어들어?", "노란불 다 끝났는데 왜 엑셀을 밟냐!" 고마움은커녕, 내 눈에 불편한 것을 지적하느라 바빴다. 당연히 여기던 서로의 행동을 당연하지 않은 시선으로 바라보면서 변화가 생겼다. 밥 먹을 때 숟가락 하나 놔주는 것 도, 아플 때 물 한 컵 떠다 주는 것도, 뭐 하나 당연한 게 없이 모 두 고마운 일이었다.

사람들은 가족을 쉽게 여기고 가족이 해주는 건 늘 당연하게 생각한다. 밖에 나가서 남한테는 잘하면서 가족에게는 친절히 대하지 않는다. '가족이니까 당연히 해줘야지', '가족이니까 이 정도는 해야지' 같은 당연하지 않은 생각으로 가족의 행복을 가로막는다. 가족이라고 해서 그렇게 해야 할 이유는 세상 어디에도 없다. 가족에게 하는 행위는 의무와 책임이라서 하는 게 아니라, 사랑을 바탕으로 해서 나오는 자발적 배려이자 헌신이다.

문 열고 집에 들어오면서 가지런히 정리해 주는 신발 한 켤레, 늘 그렇듯 오늘도 내어주는 된장국 한 그릇. 이 모든 걸 당연하게 여기지 않을 때 사랑은 내 안에서 가득 차고 그 사랑은 상대에게 선순환된다.

가족끼리 사랑 표현 안 하는 거 아니다

유튜브 채널 '남다리맥'에 방송인 알베르토가 출현했다. 누구나 한 번쯤은 들어봤을 말인 '가족끼리 그러는 거 아니다'라는 부부 스킨십 논쟁에 "도대체 그럼 스킨십을 가족 아니면 누구랑 해요?"라며 많은 부부가 뜨끔할 말을 했다. 그러면서 아내가 여자로 느껴지지 않는다는 구독자의 고민에 관계 유지를 위해 노력이 필요함을 조언해 주었다. 알베르토 부부도 서로 일과 육아로 바빠질 때 둘만의 시간을 보내기 위해 노력했다고 한다. 연인에서 부부가 되면 편안하고 익숙한 가족이라는 이유로 스킨십이나 애정 표현에 소홀해진다. 하지만 부부는 혈연이 아니다. 가족이지만 엄연히 남자와 여자의 관계이므로 서로를 위해서 표현하고 노력해야 사랑을 유지할 수 있다.

친구: 어머 저 사람들 봐. 남자가 여자 지퍼를 올려주네.

나: 애인이겠지.

오십 대쯤으로 보이는 중년 남녀가 길을 걷다가 서서 옷을 여며 주는 모습을 보았다. 부부가 아닐 거라는 말이 나도 모르게 나와서 깜짝 놀랐다. 다정하게 손잡고 걸으면 기혼자들은 그들을 애인이라고 판단한다. 부부일 수도 있는데 그런 확률은 없다고 생각한다. 주변에서도 내 집에서도 다정한 부부를 보지 못해서 그렇다. 뜨겁게 사랑해서 결혼했는데 부부는 어느새 미지근하다 못해 차가운 사랑을 품고 산다.

뇌공학 박사인 정재승 교수는 부부 사이에 사랑이 식는 이유를 이렇게 설명했다. "사랑을 해서 결혼했지만, 아이를 낳는 순간 부부간 옥시토신이 급감한다. 그래서 자연스럽게 서로에게 시큰둥해질 수밖에 없다. 아이에게 신경 쓰고 길러야 하는 시기이기 때문에 생명을 지켜내는 것에 최선을 다하도록 우리 뇌와 몸이 그렇게 설계된 것이지 않을까 한다. 하지만, 이 과정에서 부부관계가 망가지면 안 되기 때문에 서로에 대한 사랑을 끊임 없이 보여줘야 한다."

돌아보면 우리 부부도 육아를 시작하면서 차츰 몸과 마음이 멀어졌다. 서로에게 향하는 관심 없이 온통 할 일에만 집중하며 살았더니 자연스럽게 갈등도 잦아졌다. 사랑이라는 감정의 변화와 출산 호르몬 정보를 알았다면 좋았겠지만, 그런 정보를 미리 알지 못했더라도 우리 부부가 서로에게 관심을 가지고 애정을 표현하는 행위가 일상적인 일이었다면 출산을 한 후에도 관계가 소원해지지 않았을 것이다.

우리 부부가 뒤늦은 결혼 준비를 하면서 크게 달라진 건 바로 아침 풍경이다. 눈 뜨면 서로 "여보 잘 잤어?"라고 말하며 안아준다. 우리도 예전엔 억지로 눈떠서 애들 챙기고 출근하기에 바빴다. 별것 아닌 행동인데 서로에게 관심을 주고받으며 시작하니 하루가 행복해졌다. 부부 사이에 이런 사랑 나눔은 축복이자 권리 같다. 가족끼리 데면데면 지내는 거 아니다. 가족이니까 더 안아주고 사랑한다고 많이 말해야 한다. 사랑은 쓸수록 커진다.

가족에게 사랑과 감사는 아끼는 게 아니다

경제 상황이나 애들 이야기, 오늘 어떤 일이 있었는지 같은 일상적인 대화만 나누고, 마음을 나누는 대화가 없으면 갈수록 따뜻한 말 나누는 게 어색해진다. 이것도 선입견이겠지만 우리 부부는 둘 다 경상도 사람이라 감정표현이 서툴고 표현 방식도 드셌다. 자라면서 부드러운 말을 배운 적도 없고 해본 적 없어서 어려웠다. 하지만 사랑하는 내 가족을 위해서 한 번 두 번 하다 보니 자연스러워졌다. 물려받지는 못했지만, 우리가 새로운 가정문화를 만들어가는 게 뿌듯했다.

'부부끼리 뭐 그런 걸 굳이 말해야 아나?'라고 하는 사람이 있다. 말해야 안다. 말하지 않으면 절대 모른다. 고마우면 고맙다고 말해야 한다. 그 말 한마디로 자신의 가치를 확인하고 가족에 대한 사랑도 깊어진다. 좋은 사람으로 대우받은 만큼 가족에게 더 좋은 행동을 하게 된다. 그리고 무엇보다 좋은 말을 할 때 가장 혜택 받는 건 자신이다. 가슴이 열리는 행복한 순간을 만나기 때문이다.

고맙다는 말 한마디, 잘 다녀오라는 말 한마디, 고생했다는 말 한마디가 가족을 살리고 행복을 만든다. 부부가 이런 관계로 살아갈 수 있으면 애정 표현이나 스킨십도 자연스럽다. 부부 사이가 좋으니 좋은 부모가 되기 위해 별다른 노력을 하지 않아도 충분하다. 사랑이 무엇인지, 존중이 무엇인지, 관계란 무엇인지 아이들이 알아서 보고 배운다. 우리 뇌에는 거울 뉴런이 있어서 모방하며 학습하기 때문이다. 가족일수록, 소중할수록 더욱 귀하게 여기는 연습을 해보자. 내 안에 있는 사랑 아낌없이 표현하자. 아끼면 똥 된다. 가족끼리는 사랑 팍팍 쓰며 사는 거다.

배우자는 내 인생의 방문객

성공적인 결혼생활을 하려면
여러 번 사랑에 빠지는 것을 필요로 한다.
항상 같은 사람과 여러 번.

미뇽 맥롤린

과거와 현재, 미래까지도 사랑한 거야

남편에게서 전화가 걸려 오면 '내 로또'라는 저장명과 함께 교복 입은 고등학생 남자아이 사진이 화면에 뜬다. 저장명은 '나는 이미 로또에 당첨되었다'라는 셀프 가스라이팅이고, 사진은 내가 최초로 기억하는 남편의 모습을 기억하고 싶어서 설정 해 놓았다. 우리는 열일곱 살부터 알고 지냈는데 스무 살 때 카페 아르바이트를 함께하면서부터 친해졌다. 오래 알고 지내다 보니 서로 누구랑 연애하는지도 다 알았고 애인이랑 걷다가 길에서 마주치면 뒤에서 놀려 대기 바빴다. 그러다가 스물다섯 살에 서로 빈 옆구리 채워준다고 자주 놀다가 사심이 생겨버렸다. 사실 친구 한 명 버리는 셈 치고 연애했다. 만나다가 헤어지면 다시 친구가 되기는 어려울 테니까. 솔직히 결혼까지 할 줄은 꿈에도 몰랐다. 참 인연은 알 수가 없다.

그런데 현재는 남편이 되어버린 그 옛날 남자 친구가 가끔 그립다. 전혀 다른 사람이 되어버렸기 때문이다. 학창 시절 낯가림 심하고 소심한 나와 달리 남편은 친구도 많고 쾌활했다. 나는 우울할 때가 많았는데 남편은 오늘만 사는 사람처럼 당당했다. 인기도 많아서 여고생들에게 선물이나 편지도 자주 받았다. 늘 있는 일이라 본인에겐 아무렇지 않았겠지만, 어릴 때부터 못났다고 아빠한테 놀림당하며 자란 나는 그것마저 부러웠다.

그랬던 남편이었는데 결혼한 지 10년이 지나자 전혀 다른 사람으로 거듭났다. 몸무게는 20kg이 늘었고 성격도 변했다. 무슨 일이 있어도 당당하던 사람이 걱정과 불안의 아이콘이 되었다. 외모 변화는 어쩔 수 없다고 쳐도 성격이 심하게 변하니 난감했다.

"여보, 나 과거의 그 남자 친구가 너무 그립다. 그 친구 좀 만날 수 없을까?"

"응, 걔는 무기징역 당해서 안에 갇혀있어."

자기도 과거를 잊고 싶지는 않지만, 다시 되살리긴 어렵다는 결론을 냈나 보다. 그 정도로 변할 거면 예고라고 할 것이지, 이건 사기 결혼 수준이다. 그런데 문제는 자꾸 과거의 남편을 그리워하니 지금의 남편이 못마땅해진다는 거였다. 그러다 우연히 시 한 편을 만나고 마음을 바꿨다. 정현종 시인의 '방문객'이라는 시였는데 "사람이 온다는 건 실은 어마어마한 일이며, 그것은 한 사람의 일생이 오기 때문이다."라고 표현되어 있었다. 이 시를 만나고 남편에게 왜 변했냐고 구박하는 걸 멈췄다. 그 사람이 나에게 온 게 얼마나 어마어마한 일인지 깨달았기 때문이다.

누구나 연애 당시의 그 사람을 보고 결혼을 결심한다. 현재의 그가 영원할 거라는 착각을 하며……. 하지만 결혼은 계속해서 변한다. 그 사람도 변하고, 나도 변한다. 이 우주에서 변하지 않는 유일한 진리는 모든 것은 변한다는 사실 뿐이니까.

결혼이라는 건 함께 손잡고 세월을 걷는 여정이다. 매일 미래를 과거라는 시간으로 변환시키는 현재라는 찰나 속에서 사는 일이다. 그래서 결혼은 내가 사랑하는 사람의 과거와 미래까지도 함께 받아들여야 하는 일이고 서로의 변화를 새롭고 기쁘게 맞이해야 한다. 매일매일 그리고 평생.

살다 보면 내가 몰랐던 그의 과거를 우연히 만나기도 하고, 예상하지 못했던 그의 미래를 품어야 하기도 한다. 현재의 모습은 과거의 어떤 경험으로 비롯된 말과 행동이고 그의 과거가 그를 만들었다. 지금은 멀쩡한 직장을 다니고 있지만 미래엔 실직할 수도 있고, 세상에서 제일 예쁜 내 여자가 이십 년 뒤엔 뚱뚱하고 배 나온 사람이 될 수도 있다. 미래는 미지수다. 모든 가능성이 열려있다. 나는 그 무한한 변수를 각오하고 그 사람에게 일어날 일까지 사랑하겠다고 약속하는 일이 결혼이다.

결혼할 때 사랑했던 그 사람은 그때의 모습이나 어떤 한 부분이 아니다. 그 모습들을 만든 그 사람. 앞으로의 자신을 만들어 낼 그 사람. 본질적인 그 사람이다. 훗날 내가 사랑하는 사람이 변했다고 느껴진다면, 나는 그 사람의 무엇을 사랑했는지 생각해 보는 것이 좋겠다. 그 사람이 만든 찰나의 모습을 사랑한 것인지, 그 사람이라는 존재를 사랑한 것인지 말이다. 한 사람이 나에게 온다는 건 거대한 일생이 오는 일이기에 결혼은 참으로 고귀한 행보다. 사랑이란 잠시의 순간이 아닌 과거와 현재, 미래 그 모두를 품는 것이 되어야 한다.

변함을 변함없이 사랑하는 게 결혼

우리의 모습도, 사랑의 모습도 계속 변한다는 사실을 받아들이면, 변화를 위험이나 불행이 아니라 새로움이자 기쁨으로 느낄 수 있다. 결혼 전에 하는 걱정 중 하나가 '변할까 봐'다. 나를 사랑하는 마음이 변할까 봐 걱정되고 두렵다. 하지만 나이를 먹고 생활이 변하면 예전과 똑같을 수는 없다는 걸 미리 생각해 두어야 한다. 그러면 변하는 걸 당연한 일로 받아들일 수 있다. 괜히 사사로운 감정으로 상대방도 나 자신도 괴롭히지 말자.

사랑하는 마음은 변함없지만 사랑의 모습은 계속 변해갈 것이다. 어제의 사랑은 끝나고, 오늘의 사랑은 매 순간 새롭게 시작된다. 우리와 결혼이 변해가는 것을 변함없이 사랑하는 게 바로 진정한 결혼 아닐까. '우리 오빠 예전에 그러지 않았는데, 어떻게 사랑이 변하지? 어쩜 그럴 수 있지?' 싶다면 '그때 참 많이 애써줬구나. 나를 많이 사랑해 줬구나.' 고마워하자. 그리고 그렇게 예쁜 사랑을 했던 과거의 우리를 뿌듯해하자. 어차피 그럴 때쯤이면, 나도 변했다.

결혼은 이별하기 위해 만난 것

사람은 누구나 태어날 때 죽음을 들고 온다. 성스러운 결혼을 앞에 두고 갑자기 죽음을 얘기하니 당황스러울 수도 있겠다. 하지만 나는 진실을 말할 뿐이다. 태어났다는 건 죽음이 있다는 말이고, 만났다는 건 헤어짐이 있다는 말이다. 그래서 결혼한 사람은 누구나 잠재적 이별 남녀다. 그게 이혼이 될 수도 있고 사별이 될 수도 있지만 어쨌든 결국은 이별한다.

수없이 싸우며 신기한 양가감정을 만났다. 이 사람과 헤어지고 싶다는 생각과 이 사람이 진짜 떠날까 봐 두려운 마음. 어차피 끝에는 헤어질 텐데 떠날 것을 두려워하는 내가 우스웠다. 그 순간 하나의 사실을 깨닫고 마음속으로 이렇게 말했다. '어이구! 사랑하네. 사랑해.'

우리는 계속 살 줄 알고 싸우고 미워한다. 죽는다는 사실만 알 뿐 언제 죽을지는 모르니 지금은 아닐 줄 알고 그렇게 산다. 하지만 부모님 두 분을 일찍 떠나보내면서 깨달은 사실이 있다. 죽음은 언제나 어느 날 갑자기 찾아온다.

결혼은 새로운 시작이기도 하지만 헤어짐을 향하는 발걸음이기도 하다. 추억이 쌓일수록 이별할 시간은 다가온다. 그리고 그 이별은 언제, 어떻게 일어날지 아무도 모른다. 지금 느끼는 욕구와 감정에 휘둘려 소중한 사람과 함께 할 시간이 줄어들고 있다는 진실에 눈 감지 말자. 죽음을 기억하라는 뜻의 라틴어인 '메멘토 모리'. 결혼하는 부부라면 꼭 기억했으면 하는 단어다. 사랑하며 살자. 사랑하는 마음으로 살자. 결혼은 서로 사랑하며 살기에도 모자란 시간이다.

결혼은 평생 나누어야 하는 대화

결혼을 선택하기 전에

이런 자문을 해봐야 한다.

"이 사람과 늙을 때까지 함께 이야기할 자신이 있는가?"

프레드리히 니체

결혼 준비는 대화할 준비를 하는 것

니체는 결혼을 '위대한 대화'라고 했다. 그의 말처럼 결혼은 평생이라는 시간을 걸고 긴 대화를 나누는 여정과도 같다. 사랑이라는 감정은 다양한 모습으로 변하고, 하물며 사랑하는 사이라도 인간은 다른 감정을 동시에 품는다. 사랑하는 나의 배우자이지만 미운 날도 있는 것이다. 결혼하면 처음에는 너무 좋지만 살다 보면 부딪히고 갈등 상황에 놓인다. 이 모든 걸 해결할 수 있는 건 오직 '대화'다. 말을 나눈다는 단순한 의사소통을 넘어,

진실한 자세로 서로의 진심을 나누는 영혼의 대화가 필요하다.

결혼을 준비할 때 살펴보아야 할 것은 각자의 '대화 습관'과 우리의 '대화 형태'다. 언어 사용 패턴을 살펴봐야 한다. 대화방식이 친절하고 호의적인지, 아니면 명령조를 쓰거나 훈계하듯 말하는지에 따라서 다른 관계를 만들게 된다. 어떤 주제로 무엇에 관한 이야기를 자주 하는지도 중요하다. 신세 한탄이나 푸념을 습관처럼 하지는 않는지, 어차피 되지 않을 거라며 부정적인 뉘앙스를 풍기지는 않았는지 성찰해 보자.

철학자 하이데거는 '언어는 존재의 집'이라고 말했다. 언어가 단순히 소통 수단으로 보이지만 실제로는 우리의 존재와 사고방식을 형성하는 중요한 역할을 한다. 어떤 사람인지가 그 사람의 언어에 담기고, 어떤 언어를 사용하는지에 따라 그 사람이 만들어진다. 그리고 우리는 언어를 통해 사람과 세상을 해석하고 이해하며, 언어화한 것대로 느끼며 살아간다.

질 높은 대화를 통해 서로의 마음을 건강히 나눌 수 있으려면 우선은 잘 들어야 하고, 다음은 잘 표현해야 한다. 듣고 말한다는 단순한 방식이지만 소통을 원활히 하는 사람은 드물다. 대부분 상대방의 말을 있는 그대로 듣지 않고 들으면서 이미 내용을 평가한다. 그리고 내가 할 말부터 생각한다. 첫 번째 단계인 경청이 되지 않으면 소통은 막힐 수밖에 없다. 게다가 내 생각과 마음을 상대방이 이해할 수 있게 정리해서 표현하는 것도 만만치 않다. 여기서 팁은 최대한 솔직하고, 쉽게 말하기다. 직설적으로 말하라는 게 아니라 에둘러 표현하거나 어려운 말로 꾸미지 말라는 거다. 우리는 많은 경우에 마음을 숨긴다. 상처받기 싫기 때문이다.

사랑하는 사이에는 언어적 표현뿐만 아니라 비언어적 표현도 중요한데 몸짓, 표정, 시선, 자세 등 몸으로 표현된 언어가 의사소통의 많은 부분을 차지한다. 그리고 말의 내용뿐만 아니라 말투나 억양도 중요하다. 우리의 대화 습관과 형태를 돌아보고 평생 나누게 될 사랑의 언어를 점검하는 시간을 가져보자.

'안 싸우는 것'보다 중요한 건 '잘 싸우는 것'

결혼하면서 걱정하는 게 있다면 그중 하나는 '부부싸움'이다. 매스컴에서 보이는 부부 갈등의 모습은 결혼을 앞둔 사람들을 더욱 불안하게 한다. 우리 부부도 정말 많이 싸웠다. 돌아보면 사이가 좋지 않아서 싸웠다기보다 싸울 줄 몰라서 많이 싸웠다. 불편과 문제, 갈등을 만났을 때 건강하게 해결하는 방법을 몰라서 싸움으로 번지게 했다. 감정을 처리할 줄 모르는 게 일차 문제였고, 잘못된 대화방식을 쓰는 게 이차 문제였다.

부부관계 연구의 세계적인 권위자 존 가트맨은 40여 년 동안 연구한 결과 이 대화방식을 쓰는 90% 이상의 부부가 이혼한다는 걸 밝혀냈다. 그건 바로 '대화의 4독'이라 불리는 '비난, 방어, 경멸, 담쌓기'다.

비난: 너는 또 그러냐?

방어: 왜 나한테만 그래. 그러는 너는 뭘 잘했는데?

경멸: 네가 하는 게 그 모양이지.

담쌓기: 결국 문 쾅 닫고 집을 나간다.

사랑하는 사람과 결혼했는데 최고의 인간은 되지 못하더라도, 최악의 인간이 되는 건 피해야 하지 않을까. 행복한 부부와 불행한 부부의 가장 큰 차이는 대화방식의 차이라고 한다. 부드러운 말투로 부탁하고, 나의 실수는 인정할 줄 알며, 존중하는 대화를 하고, 자신을 조절할 수 있는 능력을 길러보자. 짜증 내고 화내는 건 쉽지만 타협과 양보는 어렵다. 우리는 그 어려운

길을 걷고 성장하기 위해 결혼을 택했다는 것을 잊지 말자.

살면서 문제를 만나지 않을 수는 없다. 문제를 겪지 않는 건 죽음뿐이니까. 문제와 갈등은 나쁜 게 아니다. 문제를 개선 시키며 세상은 발전하고 문제를 해결하면서 능력이 길러진다. 열린 마음으로 해결하고자 한다면 부부 사이에 갈등은 오히려 퀀텀 점프 포인트가 될 것이다. 싸우면서 배우자에 대해서도 나에 대해서도 더 잘 알게 된다. 문제를 키우는 게 문제지, 문제 자체는 문제가 아니다. 결혼해서 싸워도 되고, 결혼하면 싸워야 한다. 대신 잘 싸우자. 마음을 할퀴는 독(毒)이 되는 대화가 아니라 이해하고 받아들이는 덕(德)이 되는 대화를 통해서.

예쁜 말 하는 수다쟁이가 되기로 해

상대를 알아가고 그 사람과 가까워지는 가장 빠른 방법은 이야기를 많이 나누는 것이다. 그래서 결혼하면 수다쟁이가 될 준비를 해야 한다. 아는 게 많을수록 이해되는 것도 많아지니까. 우린 알고 지낸 시간은 길었지만, 서로에 대해 아는 건 없었다. 연애 때나 결혼해서나 대화 주제가 늘 '뭐 먹을 건지'와 '뭐 할 건지'였다. 그것도 아니면 회사 얘기나 다른 사람 이야기, 어디서 보고 들은 이야기가 대부분이었다.

지금은 달라졌다. 어릴 때 무슨 일을 겪었는지, 속상했던 경험은 무엇인지, 뿌듯함을 느낀 적은 언제인지, '나'와 '너'에 대한 이야기를 나눈다. 오늘 기분은 어땠는지, 지금은 어떤 생각과 감정이 있는지, 앞으로의 소망은 무엇인지, 서로를 살피고 희망하는 대화를 한다. 대화가 없는 가정은 소통이 부재하고, 소통의 부재는 관계의 불통과 단절을 일으킨다. 말은 마음의 주고받음이고, 알 수 없는 너와 나의 세계를 친절히 설명하는 일이다. 말을 통해 연결됨을 느끼고 가까운 사이로 지낼 수 있게 된다.

우리 둘 다 말하기 연습이 쉽지 않았다. 투박하고 무뚝뚝하고 억센 표현이 많은 사투리로 예쁜 말 하는 부부가 되는 건 이생에서는 불가능해 보였다. 그런데 낯간지럽고 쑥스러운 느낌을 한 번, 두 번 이겨내고 나니 조금씩 익숙해졌다. "우리 가족을 위해 고생해 주어서 고마워", "당신이 있어서 의지가 되고 힘을 얻어", "당신이랑 결혼해서 정말 행복해". 이제 이런 말은 우리에게 평범한 말들이다. 부부가 아름다운 대화를 나누면 가정을 가장 빨리 화목하게 만들 수 있다. 결혼은 평생 나누는 대화다. 세상에서 가장 소중한 사람과의 대화라면 예쁜 말, 다정한 말, 친절한 말이어야 하지 않을까.

사랑의 연구자가 되세요

온갖 사람의 지혜 중에서
결혼에 관한 연구가 가장 뒤처져 있다.

발자크

사랑의 심판관이 되지 않도록

결혼해서 행복하게 잘 살고 싶었다. 하지만 내가 바라던 그 행복은 몇 년 몇 월쯤에 오는 건지 기다려도 감감무소식이었다. '도대체 결혼해서 가장 좋은 때가 언제지?'를 생각해 봤더니 아차차, 이미 지났다. 결혼의 정점은 결혼식이었다. 여행은 떠났을 때보다 가기 전이 설레고 본격적인 연애 시작보다 썸 탈 때가 좋다더니, 결혼도 그런 것일까? 결혼해서 가장 행복한 순간은 아직 아무 일도 겪지 않고 미래에 대한 기대가 충만한 결혼식 당

일이었다.

현실판 결혼으로 들어선 순간 태세는 바뀐다. 어제까지 서로를 위해 간도 쓸개도 다 빼줄 것처럼 굴던 사람들이 부부가 되자 조금도 손해 보기 싫어한다. 남이 아닌 가족이 되자 이상하게 바라는 것도, 불만도 많아진다. 그러면서 자연스럽게 가동되는 게 있는데 바로 '매의 눈'이다. 싫은 거, 불편한 거, 마음에 안 드는 거. 상대방 잘못과 단점 찾는 도사가 된다. 함께 있는 시간은 늘었는데 내 뜻과 다를 때가 많으니 욕구불만 인간으로 전락한다. 배우자라는 새로운 세계를 받아들이는 건 이처럼 힘들고 험난한 일이다.

고대 로마의 철학자 세네카는 말했다. "모든 일에서 공정한 심판관이 되고 싶다면, 먼저 우리 가운데 죄 없는 자는 아무도 없다는 것부터 믿어야 한다. 가장 큰 분노는 '나는 아무 잘못도 하지 않았어'와 '나는 아무 짓도 하지 않았어'라는 생각에서 나오기 때문이다."

그의 말이 맞았다. 나의 화는 그가 만든 게 아니라 내게는 일말의 잘못도 없고 '너만 잘못했어'라는 피해자 의식이 만든 화였다. 사랑하는 사이에 가져야 할 마음과 태도는 자취를 감추고, 코흘리개 시절 보았던 추억의 중국 드라마 탐관 포청천과 닮아

갔다. "작두를 대령하라." 뭐든지 할수록 능숙해진다더니 심판
관 역할은 어느새 나와 한 몸이 되었다. "나도 화내고 싶어서 내
는 거 아니야. 나 화내는 거 별로 안 좋아하는 사람이야. 화내는
것도 힘들거든!"이라고 당당히 말했지만, 마음속 포청천을 치우
지 않는 한 우리 관계는 바뀌지 않겠다는 결론이 섰다. 나는 심
판관 대신 우리 결혼을 찬찬히 들여다보는 연구자가 되기로 결
심했다.

사랑은 관찰로 커진다

누군가를 처음 사랑하게 되었던 순간을 떠올려보면, 사랑의
시작은 '관찰'이라는 걸 알 수 있다. 나는 낯선 그를 관찰하기 시
작한다. 마음의 시선이 그에게로 향했기 때문이다. 관심 있는
것에는 눈이 자동으로 반응한다. 그 사람의 말투, 그 사람의 행
동 하나에도 민감해진다. 표정 하나 숨소리 하나에도 주의를 기
울인다. 뭘 좋아하는지, 어떤 생각을 하고 있는지 알고 싶어서
관찰한다. 그런데 결혼하면 이 사랑의 관찰력이 급하강한다. 사
랑 관찰 선수에서 은퇴하고, 틀린 그림 찾기 선수로 전향한다.
잘못한 것, 실수한 것, 기대에 미치지 못하는 것, 내 기호와 다른

것, 내가 원하는 대로 하지 않는 것 등 배우자의 잘못만 귀신같이 찾는다.

행복한 결혼생활을 위해 필요한 것은 마음의 돋보기와 현미경이다. 최대한 확대해서 자세하게 결혼을 들여다봐야 한다. 모르고 살았던 건 없는지, 놓친 건 없는지, 어떻게 생겼는지 심도 있게 살펴야 한다. 이 도구들을 사용할 때 유념할 점은 마음을 나와 분리해야 한다는 것이다. 내 판단과 기준을 잠깐 내려놓고, 가정과 배우자를 제3자처럼 관찰할 수 있어야 한다. 행복하면 웃게 되지만 웃으면 행복해진다는 말이 있는 것처럼, 사랑하면 관찰하지만 반대로 관찰하다 보니 사랑이 피어났다. 잘못하는 부분보다 잘하는 부분을 더 많이 보았다. 나랑 맞지 않고 불편한 부분보다 잘 맞고 비슷한 부분을 수집해서 마음속에 저장했다. 어제까지 나를 괴롭히던 악당이었는데 알고 보니 세상에 하나뿐인 나의 구세주였다. 남편은 이미 내 인생의 많은 부분을 채워주고 있었고 나에게 없는 장점이 많은 사람이었다. 비로소 그 사람이 가진 고유한 빛이 보이기 시작한 것이다.

기분 나빠도 바로 반응하지 않았다. 지켜보고 관찰했다. 그렇게 조금 시간을 보내고 나면 남편이 표현하지 못한 마음도 보였고, 도와주고 싶은 부분이 생기기도 했다. 신경질 잘 부리던 나였는데 이해가 깊어지고 배려가 자랐다. 관찰 덕분이었다. 관찰하기만 했을 뿐인데 좋은 생각이 피어났고 세상이 달리 보였다. 배우자뿐만 아니다. 부모든, 자식이든, 타인이든 사람을 관찰하는 습관을 지니면 관계에 도움이 된다. 내 입장으로만 보는 눈 하나밖에 없었는데 상대의 인생과 마음으로 보는 눈이 하나 더 생긴다. 모든 것의 시작은 관찰이다. '당신은 그런 사람이잖아'라고 낙인찍은 시선이 아니라 매일 새로운 시선으로 상대를 바라볼 때, 우리의 사랑은 깊어진다.

우리의 결혼을 영원히 연구하라

배우 장나라, 손호준 주연의 〈고백 부부〉라는 드라마가 있다. 첫사랑을 시작으로 결혼에 골인했지만, 현실의 벽에 부딪히며 점차 멀어지고 부부는 이혼을 결심한다. 법원에서 헤어지며 결혼반지를 버리는 순간 20년 전으로 타임슬립을 하고 다시 서로의 사랑을 확인하는 내용이다.

"어쩌면 우린 사랑이 다했던 게 아니라 진실과 거짓 사이 그 어딘가에 있는 진심을 들여다볼 여유가 없었다."라는 대사가 나온다. 맞는 말이다. 바쁘게 살다 보면 서로 마음을 나누고 상대에 대해서 생각할 겨를이 없다. 두 사람을 위해 선택했던 결혼인 만큼 우리에 대해 돌아볼 시간이 꼭 필요한데, 부부의 시간은 뒷전이 되기 십상이다. 정기적으로 시간을 내어 우리만의 자체 타임슬립 시간을 가져보면 좋다. 우리 부부는 한 달에 한 번 '부부 데이'를 보낸다. 짧게라도 데이트하며 둘만의 시간을 가진다. 맛있는 음식을 먹으며 기분도 전환하고, 한 달 동안 살아온 생활도 간단히 나눈다. 한마디로 결혼을 회고하는 시간이다.

회고란 '뒤를 돌아봄', '지나간 일을 돌이켜 생각함'을 뜻한다. 운동선수나 바둑기사가 시합을 끝낸 후 복기하듯이 결혼에도 회고가 필요하다. 결혼생활을 정기적으로 회고하면 우리의 현재를 알 수 있으며, 그동안 이뤄온 것들을 서로 독려하고 미래를 위한 목표를 함께 설정할 수 있다. 그리고 돌아보기만 했을 뿐인데 자연스럽게 성장하는 부부가 된다.

회고에는 다양한 방법이 있는데 그 중 'KPT(Keep, Problem, Try)' 회고를 추천한다. Keep은 현재 만족하는 부분, 잘 해온 부분, 앞으로도 지속할 부분에 대해서. Problem은 결혼이나 우리 사이에서 문제라고 느끼는 부분, 부족했던 부분, 아쉬웠던 것들을. 마지막으로 Try는 현재 가진 문제를 위한 해결 방안이나 보완점, 더 나은 것을 위해 새롭게 시도할 부분을 작성한다. 월간 회고가 어려우면 연간 회고로도 충분하다. 매해 결혼기념일이나 연말에 딱 한 번만 '결혼' 그 자체만의 시간을 가져보는 것이다. 이 시간이 중요한 가장 큰 이유는 서로의 힘듦이나 속마음을 터놓고 이야기하면서 연결되는 기분을 느낄 수 있기 때문이다. 다른 부부 사는 모습은 TV로 수십 번 보면서 우리 부부가 어떻게 사는지는 보지 않는다. 결혼하면 결혼을 가장 등한시한다. 우리 부부와 결혼을 끊임없이 연구할 것. 결혼의 행복은 우리 마음에 달렸다.

결혼의 자산은 부부 애착

인간은 요람에서 무덤까지 애착 대상이 제공하는
안전기지를 기반으로 여행하는 삶을 살아갈 때 가장 행복하다.

존 볼비

결혼 후 3년은 부부 애착을 형성하는 시기

보글보글 맛있는 된장국이 끓고 사랑하는 그이는 내 곁에 있다. 소박하지만 세상에서 가장 맛있는 저녁을 먹고 둘의 취향에 맞는 로맨틱 코미디 한 편을 본다. 포근한 이불에 누워 서로의 온기를 나누며 달콤한 잠에 든다. 여자는 생각한다. '아, 여기가 천국이구나.' 나를 가장 사랑하는 사람이 곁에 있고 세상은 안온하다. 모든 게 충분하고 나는 행복한 사람이다.

실제로 이렇게 느낀 날도 있었다. 하지만 얼마 지나지 않아

인생의 비바람이 몰아쳤다. 결혼하고 다음 해에 첫째를 낳았고 출산과 동시에 일을 쉬었다. 엎친 데 덮친 격으로 몇 달 후 남편이 다니던 회사가 문을 닫았다. 날이 갈수록 시어머니의 기대와 요구는 많아졌고 갑자기 아빠가 아프서서 아기띠를 매고 병원에 모시고 다녀야 했다. 그 시기쯤 내 몸에도 이상이 생겨 담낭 절제술을 받았다. 결혼해서 가장 좋을 시기에 몸과 마음이 가장 피폐했다. 그땐 어떻게든 살아내는 게 급선무라 정신없이 지냈다. 이 시간이 나중에 문제가 될 줄은 몰랐다. 알고 보니 우리는 결혼의 황금기인 신혼 3년을 놓친 거였다.

관심과 사랑으로 신뢰를 쌓는 대신 지치고, 힘들고, 불안하고, 원망하며 보냈다. 서로 애정을 보내고 결혼생활의 안정감을 만들어야 했는데 그러지 못했다. 두 사람 모두 열심히 살았지만, 정서적인 유대감을 만들 시간이 부족했고, 각자 힘들어서 서로에게 든든한 조력자가 되지 못했다. 그 결과 아내에겐 남편을 믿을 수 없다는 생각이 생겼고, 남편에겐 아내가 나를 힘들게 한다는 마음의 불편이 생겼다. 서로 사랑한다는 걸 머리로는 알지만, 가슴이 느끼지를 못하니 자꾸 싸움이 일어났다. 결혼에서 부부 관계가 얼마나 중요한지 뒤늦게 깨닫고, 그때 생긴 구멍을 메우느라 지금도 노력 중이다. 부부 애착은 이토록 중요하다.

애착이란 '몹시 사랑하거나 끌려서 떨어지지 않는 마음'이라는 사전적 정의를 넘어, 인간이 자신에게 가까운 사람이나 유의미한 대상에게 갖는 강한 감정적 유대를 말한다. 정신분석가 존 볼비는 애착 이론을 정립하기도 했는데 태어나서 갖는 초기의 애착 형성이 인간 본성의 가장 중요한 기본이 되고 전 생애에 걸쳐 영향을 미친다는 것이다. 아이가 태어나면 엄마의 품에서 애착을 형성한다. 나를 보호해 준 양육자를 통해 세상은 따뜻하고 안전한 곳이라는 정서적 자산을 쌓아가고 그것을 밑천으로 세상을 살아간다.

결혼도 이와 마찬가지다. 애착의 개념을 부부 사이에 적용해서 '부부 애착'이라고 한다. 결혼하면 부부라는 새로운 개체가 태어난다. 신혼기는 곧 애착 형성기다. 결혼 후 3년 정도는 무조건 다 필요 없고 부부관계가 1순위여야 한다. 하지만 사람들이 몰라서 기회를 놓친다. 이 시기에 부부 서로를 위해 써야 할 에너지를 효녀, 효자, 좋은 며느리, 좋은 사위 되는 데 더 많이 쓴다. 그러지 말라는 게 아니라 우선순위가 바뀌었다는 말이다. 나는 이 사람과 사랑하며 살기 위해서 결혼했다. 결혼해서 갖는 역할에 집중하기 전에 부부가 마음을 긴밀히 연결해야 한다. 배우자는 0촌이다. 0순위로 두지 않으면 그냥 0의 관계, 남남이 되어버린다. 최우선으로 서로에게 집중하고 알아가려고 노력해야 한다. 지속적인 관심으로 애정과 신뢰를 쌓아야 한다. 소중히 잘 쌓은 부부 애착은 죽음이 우리를 갈라놓을 때까지 행복하게 잘 살 수 있도록 도와줄 것이다.

나의 애착은 건강한가?

밑바닥이 빠진 독에는 아무리 물을 부어도 채워지지 않는다. 씨앗이 잘 자라기 위해서는 그 씨앗을 심는 토양이 중요하다. 이처럼 부부 애착을 쌓아가려고 해도 당사자들의 내면에 구멍이 크면 쌓기 어렵다. 세상에 완벽한 사람은 없듯이 누구나 마음속에 결핍이 있다. 살면서 다양한 사람과 사건을 겪으면서 마음의 생채기 하나쯤 없을 수 없으니까. 더군다나 내 손으로 선택하지 않은 원가족은 태어나서 그냥 받아들여야 할 대상이자 환경이다. 그 속에서 자라며 어쩔 수 없는 상처를 안게 된다. 그래서 사람마다 가진 마음의 온도가 다르다.

결혼 후 배우자와 애착을 잘 형성하고 싶어도 내 마음에 심리적 구멍이 크면 어렵다. 나는 부모와 어떤 애착을 맺었고 어떻게 관계하고 있는지 살펴보자. 엄마의 사랑을 끊임없이 확인하려고 했던 것처럼 배우자가 사랑을 주어도 나는 부족하다고 느끼는 건 아닌지, 내 모든 정서적 결핍을 그 사람이 채워주기를 바라는 건 아닌지 살펴봐야 한다.

스스로 알아차리는 게 중요하다. 부모와 안정적인 애착을 만들지 못했고 자라오는 동안 결핍이 많았어도 괜찮다. 애착은 고정적이지 않고 시간이 지나면서 변할 수 있다. 곁에 있는 사람이 주는 온기로 차가운 마음을 데우는 동시에 내가 나를 채워주면 된다. 내가 나와 맺는 관계도 애착이다. 내가 나를 신뢰하고 나를 통해 안정감을 느낀다면 부부 애착 쌓는 일은 더 큰 행복과 기쁨이 될 수 있다.

부부 애착으로 천하무적 부부 되기

부부 애착은 결혼이라는 나무의 뿌리다. 나무는 뿌리를 잘 내려야 튼튼하게 자란다. 궂은 비바람에도 살아남고 꺾여도 다시 새잎이 돋는 건 뿌리를 건강히 내렸기 때문이다. 그렇다면 뿌리를 잘 내리기 위해서는 어떻게 해야 할까? 서로에게 관심 가지고 사랑을 잘 가꿔야 한다. 아기가 태어났을 때를 생각하면 쉽다. 엄마는 눈을 맞추고 옹알이와 울음에 반응해 준다. 애정이

담긴 스킨십과 목소리로 사랑을 전한다. 배가 고프거나 잠이 오는 상태를 기민하게 알아차리고 욕구를 충족시켜 준다. 부부가 애착을 형성할 때도 마찬가지다. 배우자의 감정과 욕구에 민감하게 반응하고 안전기지로서 역할을 해줄 수 있어야 한다. 핵심은 편안함과 따뜻함이다. 그리고 그 교류는 반드시 상호 자발적으로 이루어져야 한다.

당신이 나에게 얼마나 소중한 사람인지 보여주어야 하고 느낄 수 있도록 해야 부부 애착이 생기고, 애착을 통해 신뢰가 만들어져야 평생이라는 긴 시간 속에서 서로를 믿고 의지하며 살아갈 수 있다. 부부 애착이 제대로 형성되지 못하고 정서적 결핍이 지속되면 잦은 갈등을 겪거나 술, 도박, 외도, 무분별한 쇼핑 같은 행동으로 외부에서 채우려 하게 된다. 결혼 3년이 얼마나 중요한 시기인지 대화하고 결혼의 자산이 되는 부부 애착을 잘 만들어보자.

부부 애착 만들기는 시작은 있지만 끝은 없는 일이라고 생각한다. 사랑하려고 결혼했으니까. 애착을 형성해야 할 신혼기를 놓쳤고 여전히 부족한 우리 부부지만 서로 노력하고 있다는 것만으로도 충분하다는 생각이 든다. 어쩌면 결혼은 완성도의 문제보다 태도의 문제가 아닐까.

Part 5

함께 더 잘 살기 위한
결혼의 기술

우리 결혼의 청사진 그리기

사랑은 단지 서로를 바라보는 것이 아니라,
같은 방향을 바라보는 것이다.

앙투안 드 생텍쥐페리

두루뭉술 결혼 준비

친구 C는 첫째 아이가 초등학교 3학년이 되고 나서야 둘째 출산에 대한 고민을 시작했다.

"예전부터 둘째 생각이 있었던 거야?"

"아니, 그게 사실은 결혼했으니까 바로 첫째를 낳았고 육아로 너무 힘들다 보니 둘째를 낳을 건지 남편이랑 이야기해 볼 생각을 못 했어. 정신 차려 보니 이만큼 시간이 흘렀더라고. 포기하자니 아쉽고 낳자니 모험이라 우리 둘 다 고민이 커."

많은 기혼자가 뒤늦게 이런 고민을 하기도 한다. 결혼은 했으나 어떻게 살건 지 구체적으로 생각하지 않아서 그렇다. 인생이 계획대로 되는 건 아니지만, 굵직한 그림은 미리 스케치를 해두는 게 좋다. 그래야 나중에 색을 입히든 다시 지우고 그리든 할 수 있으니까.

사람들은 결혼을 '그냥 살면 되는 것'이라고 단순하게 생각한다. 사랑하는 마음만 있으면 저절로 다 된다고 생각하는 것이다. "어떻게 살 거야?"라는 질문에 한 단어로 퉁친다. 어떻게? '행복하게'. 하지만 행복의 뜻조차 모호하고 내가 생각하는 행복이 상대의 행복과 같을 거라고 단정한다. 결혼의 방정식은 부부의 수만큼 제각각이다. 어떤 가치를 선택하고, 어떤 요소를 곱한 뒤, 어떤 행동을 더 해서 우리만의 행복이라는 해답을 만들 것인지 의논해야 한다. 이것을 구체적으로 말하면 결혼의 청사진을 그리는 일이다.

우리 두 사람이 원하는 미래는?

푸를 청(靑), 베낄 사(寫), 참 진(眞)의 한자어를 쓰는 청사진은 건축, 기계의 도면을 복사하는 데 쓰이는 사진을 뜻하며, 미래에 대한 희망적인 계획과 구상을 의미하기도 한다. 청사진은 기업에서 많이 활용하는 단어로 어떤 목표를 이루기 위해 세운 세부적인 전략이나 방향성을 나타낸다. 그런데 청사진이 결혼에서도 필요한 이유는 뭘까? 우리 삶은 항상 선택과 결정들로 만들어지기 때문이다. 명확한 청사진을 가지고 있지 않은 사람은 살아가기 바쁜 일상에서 무의식적으로 반응하고 행동한다. 나에게 무엇이 중요하고 어떤 게 유용한 선택인지 숙고하거나 제대로 분간하지 못한 채 산다. 하지만 여기서 간과하는 것은 그 한 걸음이 내 인생의 방향을 만든다는 사실이다. 우리는 매 순간 '무엇을 하는 것과', '하지 않는 것' 그 모든 선택으로 인생이라는 작품을 완성해 나가고 있다. 결혼의 청사진은 말 그대로 우리 결혼의 내비게이션이자 나침반이고 우리만의 행복을 구체화하고 이루도록 돕는 도구다. 어떤 사람들은 청사진을 만들라고 하면 단순히 재무 설계만 생각한다. 하지만 결혼의 청사진은 언제 무엇을 하고, 어떤 것을 획득하며 살아갈지에 대한 물질적인 이룸을 넘어서 어떤 정서와 가치를 이룰 것인지까지 합쳐진 총체적 그림이다. 다시 말해, 결혼해서 살아갈 모습을 두 사람이 함께 논의하고 결정해서 만든 공동의 인생 건축 도면이 바로 결혼의 청사진이다.

우리 둘만의 결혼 청사진 그리기

결혼의 청사진을 그릴 때는 생각이나 대화로 그치지 말고, 기록하거나 표로 그려두는 게 좋다. 그림까지 첨부해서 시각화 해놓으면 베스트다.

결혼 마인드맵 그려보기

마인드맵은 창의력 전문가 토니 부잔이 개발한 생각 정리 도구로 지도를 그리듯 가지를 뻗어나가면서 작성하는 것이다. 결혼이라는 한 가지 주제로 생각의 고리를 연결하면 된다. 결혼에 관한 나의 모든 생각을 마인드맵 해보자. 불가능을 의심하지 말고 일단 다 꺼내는 게 중요하다. 가능성을 따지는 건 세부 계획 만들 때 고민해도 된다. 중요한 건 우리의 솔직한 욕구를 발견하고 창의력을 발휘하는 일이다. 막연한 이상이 아니라 진짜 원하는 삶을 그려야 한다. 우리가 직접 노력하고 그 미래를 가지게 될 것이기 때문이다. 미래에 살고 싶은 집은 어떤 모습인가? 언제, 어디에서, 무슨 시간을 보내는 가족의 모습이 보이는가? 떠오르는 것들을 모조리 꺼내어 적어보자.

가족생활주기 설정하기

결혼하면 자녀 출산, 성장, 독립 등의 과정에 의해 가족의 형태와 과업이 변한다. 이렇듯 시간의 경과에 따라 변하는 가족생활의 연속 과정을 '가족생활주기'라고 한다. 가족의 삶을 전 생애 관점으로 조망하면서 각 발달 단계마다 이루어야 할 과업, 기대와 욕구, 잠재된 문제들을 예측하고 필요한 것을 계획한다. 가족생활주기는 학자마다 정의하는 기준이 조금씩 다르다. 출산 여부나 자녀 수에 따라 가족의 확대기나 축소기 기간이 달라진다. 결혼을 기점으로 임의로 설정하면 된다. 우리 부부는 출산을 합의했고 자녀 수는 둘로 결정했다. 자녀가 있는 우리 가정의 가족생활주기는 '신혼기 - 양육기 - 자녀성장기 - 자녀독립기 - 중년부부기 - 노년부부기'로 나누었다. 큰 주기를 나누고 세부 연도에 따라 겪게 될 일이나 목표하는 바를 기록하면 된다.

세부 실천 행동 정하기

바라는 마음만 있고 이루기 위해 해야 할 일은 모른다면, 그건 몽상일 뿐이다. 가족생활주기 단계마다 특징과 해야 할 일이 다르고, 가족이 원하는 목표에 따라 필요한 행동도 다르다. 예를 들어, 신혼기에는 결혼생활 장기 계획을 세우고 실생활에서 할 일을 조율하는 것이 필요하다. 자가 매매 목표가 있다면 실제 달성을 위한 구체적인 행동 지침도 있어야 한다. 양육기에는 부모가 되기 위한 준비 활동이 필요하며 달라지는 가족과 가계를 위한 시간, 경제 조율과 가사 활동 재분배를 해야 한다. 그 이후의 단계도 각기 다른 할 일을 정해야 한다. 그리고 단순히 할 일 외에 우리 가족의 가치도 담아야 한다. 아이들이 자라는 동안 함께 여행을 다니며 추억 쌓는 걸 중요하게 생각한다면 그에 따른 계획이 필요하고 이웃을 돕고 나누는 삶에 가치를 둔다면 정기 후원이나 봉사활동을 위한 계획이 필요하다. 만약 자녀를 갖지 않는 딩크족 부부가 되기로 합의했다면 또 그것에 맞게 우리만의 가족생활 계획이 필요하다.

결혼의 청사진을 그리는 것도 중요하지만 잊지 말아야 할 건 유연함을 가지는 일이다. 시간의 흐름에 따라 점검하고 필요에 따라 수정해야 한다. 미래는 아직 오지 않았고 계획대로만 되지는 않는 게 인생이다. 원하는 것에 초점을 맞추기 위해 계획하는 것이지 계획에 삶을 끼워 넣기 위해 만드는 게 아니다. 결혼의 청사진도 어디까지나 우리를 위해 사용하는 도구라는 것을 잊지 말자. 새로운 흐름이 생기면 또 새롭게 그리면 된다. 모든 건 우리가 주체다.

'Must'보다 'Want'

당신의 선택이 당신의 두려움이 아니라
희망을 반영하기를 바란다.

넬슨 만델라

누구를 위한 결혼인가?

가끔 장롱문을 열면 한숨이 절로 나온다. 왜 샀는지 기억나지도 않는 비단 뭉텅이, 당연히 해야 하는 줄 알고 샀던 장식용 원앙 세트는 여태 버리지도 못하고 처치 곤란이다. 모두 그렇게 준비해야 한다고 들은 말 때문이었다.

신혼여행을 끝내고 돌아온 날부터 남편 하나 사랑한 죄로 엄청난 투두리스트가 기다리고 있었다. 어머님 분부대로 한복을 입고 주말마다 친척 집 투어를 다녔다. 남편과 가족이 된 것도 어색한데 낯선 사람을 계속 만나야 하니 힘들었다. 평소에 남편은 만나지도 않던 친척이었고 하물며 처음 가는 곳도 있었다. 이유는 오직 하나 '결혼하면 원래 그래야 하는 거'라서.

살면 살수록 어깨에 짐이 늘고 가슴에는 돌덩이가 앉았다. 둘이 좋아서 선택한 결혼일 뿐인데 '결혼'이라는 이름에 따라오는 게 많았다. 결혼했다고 꼭 그래야 한다는 법은 대체 어디서 생겨난 건지. 과감하게 무시하자니 유별난 부부 같고, 그래도 해야지 싶어 이것저것 따르다 보니 한도 끝도 없다. 주인공들이 행복해야 할 결혼인데 자꾸 그 주인공들이 불행해진다. 도대체 누구를 위한 결혼인 걸까? 이렇게 되지 않으려면 기억해야 한다. '결혼'보다 중요한 건 '우리'라는 것을.

'그렇게 해야 한다던데?'

'다들 그렇게 하던데?'

'그렇게 하는 거라던데?'

근거도 없이 모두 '그렇다더라'가 출처다. 결혼식 준비할 땐 이래야 하고, 결혼하면 저래야 하고. 결혼에 정해진 법이라도 있는 듯이 말한다. 우리 형편보다 남들 하는 수준이 기준이 되고, 우리 취향보다 어른들의 요구를 따른다. 이건 우리 결혼이라고 할 수 없다. 선택의 기준이 외부에 있으니까. 결혼의 주인인 우리에겐 '그렇다더라' 결혼이 아닌 '이러고 싶어' 결혼이 필요하다.

'해야 한다'보다 '하고 싶다' 선택하기

화목한 가정을 만들어보겠다는 일념으로 신혼 초 매달 가족회의를 열었다. 한 달을 돌아보고 다음 달 해야 할 일을 점검했다. 그러면서 꽤 괜찮은 가정이 된 듯한 착각에 빠져 살았다. 그마저도 출산 후에는 하지 못했다. 잠도 제대로 못 자고, 밥은 코로 들어가는 상황에서 가족회의는 언감생심이었다. 까맣게 잊고 살다가 10년이 지난 후 펼쳐 본 가족회의 기록은 처참했다. 그냥 할 일 기록서였다. 그 일을 왜 해야 하는지, 진짜 해야 하는 일이 맞는지 생각해 보지도 않고 해내기에 바빴다. 결혼했다는 기쁨을 즐기기도 전에 앞으로 해야 할 일들로 걱정이 앞섰다. 양가 부모님 댁에 방문하는 주기는 어떻게 할 것이며, 기대하시는 바가 있으니 적당한 간격으로 안부 전화도 드려야 했다. 매일 만들어 먹어야 하는 식사도 골치였다. 하루에 세 끼, 일 년이면 천 끼가 넘는다. 결혼 전에 기껏해야 청소나 설거지 정도 했지. 직접 음식을 하지는 않았다. 그런데 결혼하니 갑자기 모두 내 몫이었다. 매일 레시피 검색을 해서 따라 만들며 요리 방법을 익혔다. 꽤 깨어 있는 세대라고 생각했는데 착각이었다. 나도 뼛속까지 '셀프 유교걸'이었다. 왜냐하면 남편은 결혼할 때 요리에 대해 걱정하지 않았다는 사실을 이제야 깨달았으니까. 나는 처음부터 내가 할 일이라고 생각한 거다. 이것 외에도 이유도 없이 그래야 한다고 여기는 관념이 우리 정신 곳곳에 스며들어 있었다.

만약 결혼에서 '이래야 한다'라는 생각이 있다면 한 번쯤은 '정말 그래야 하는 게 맞을까?', '그렇게 하지 않는다면 어떨까?' 생각해 보자. '이래야 한다'라는 생각을 버리고 '우리는 무엇을 원하고 어떻게 살고 싶지?'라고 스스로에게 물어봐야 한다. 멋진 가정이 아니라 우리가 원하는 가정, 화려한 결혼이 아니라 우리만의 결혼을 만드는 게 진짜 행복이니까.

결혼하면 어떻게 살아야 하고, 가족이라면 어떻게 해야 하고, 부모라면 자식이라면 어떻게 해야 한다. 온갖 '해야 한다'가 넘쳐난다. 하지만 그 모든 '해야 한다'도 결국 누군가 내세운 하나의 생각과 의견일 뿐이지 반드시 그래야 하는 건 아니다. 내 결혼, 내 인생인 만큼 해야 하는 일이 아니라 어떻게 할 것인지를 생각하고 선택할 수 있어야 하지 않을까. 남들 따라서 살지 말고 내 마음에 물어보자. 내 마음이 답하는 게 걸어갈 길이다.

어차피 해야 하는 일이라면 하겠다고 결정하기

만약 시댁이나 처가에 일 년에 한 번 꼭 참석해야 하는 가족 동반 행사가 있다고 가정 해보자. 여행이 될 수도, 제사가 될 수도, 김장이 될 수도 있다. 누군가는 모든 걸 흔쾌히 할 수도 있지만, 또 누군가는 그렇지 않을 수도 있다. 사람마다 성격이 다르고 가족의 특성이 다르기 때문이다. 배우자와 의논을 해봤더니 이 행사는 함께하기를 원한다. 당신은 어떻게 할 것인가? 그래도 내가 싫다면 당연히 하지 않아도 된다. 배우자인 나에게는 그 어떤 의무도 없기 때문이다. 하지만 그 정도는 집안의 관계를 위해 협조할 수 있겠다는 생각이 든다면 억지로 해야 하는 일이 아니라 내가 선택한 일이라고 생각하는 편이 좋다. 가족을 위해서가 아니라 나 자신을 위해서.

시댁일 뿐만이 아니다. 내가 원해서 취직해 놓고도 출근하기 싫어 죽을 맛을 느끼는 날도 있듯이 내가 좋아서 결혼해 놓고도 밥도 하기 싫고, 애도 돌보기 싫을 때가 있다. 그럴 때도 해야 하는 일로 생각하지 말고, 내가 선택한 일로 만들어보자. 같은 일이라도 어떻게 생각하는지에 따라서 마음가짐이 달라진다. 그리고 알고 보면 지금 나의 현실은 과거의 내가 꿈꿨던 미래일지도 모른다.

결혼하면 해야 할 일이 널렸다. 이것도 해야 하고 저것도 해야 한다고 생각하며 사느라 녹초가 된다. 하지만 우리는 생각 하나 말 하나도 지혜롭게 써야 한다. 이것도 해야 한다고 말하면 할 일이 한두 개가 아니라는 무게가 실린다. 게다가 '해야 한다'라는 어감에는 내가 어떻게 할 수 없다는 느낌이 들어있으므로 이것을 '하겠다'로 말하는 게 좋다.

"나는 오늘 이것을 할 거야."라고 선택하는 말로 바꿔보자. 더 좋은 건 "나는 이것을 하길 원해."로 바꾸는 거다. 인간은 자기주도로 살아갈 때 삶에 만족할 수 있다. 결혼에서 후회를 줄이는 방법은 '해야 하는 것'보다 '하고 싶은 것'을 더 많이 선택하는 것이다. 10년 뒤에 '다 싫어' 병에 걸리지 않으려면 나의 결혼을 'must'가 아닌 'want'로 채워보자.

얼마만큼? 어디까지? 우리가 결정할게요

사람이 자기가 어느 항구를 향해 갈 것인지 모른다면,
어떤 바람도 그를 도와주지 않는다.

세네카

많은 사람이 결혼하면 갑자기 효자, 효녀 노릇을 한다. 언제부터 그랬다고 결혼이라는 선 하나 넘은 걸로 마치 다른 사람처럼 행동한다. 결혼했으니까 이젠 자식으로서 도리를 해야 할 것 같다. 자라면서 알게 모르게 내 안에 스며든 생각일까? 그것도 아니면 결혼할 때 부모님께 받은 게 있어서 보답은 해야 할 것 같은가? 한 가정의 주인이 되어 보니 그제야 부모라는 자리의 무게를 실감하게 되었을지도 모른다.

어쨌든 결혼해서 부모님께 잘하고 싶은 마음이 든다면 좋은 일이다. 대신 한 가지는 기억해야 한다. 효도 역시, 당연히 해

야 하는 일이 아니라 부부가 함께 마음으로 '선택하는 일'이라는
걸.

효도는 해야 하는 게 아니라 마음에서 우러나는 것

처음 결혼했을 때 시어머니와 가깝게 지냈다. 좋은 결혼생활
에는 고부 관계도 포함이었다. 그래서 자주 찾아뵙고 최대한 어
머니 기호에 맞추며 지냈다. 내가 사랑하는 사람을 낳아주신 감
사한 분이고 그게 자식 도리라고 생각하기도 했다. 그런데 시키
는 대로 다 하다 보니 어머님의 기대는 계속 커졌고 내가 하는
모든 행동이 어느 순간 '당연한 일'이 되어있었다. 하면 당연한
것, 안 하면 잘못한 것이라니. 어처구니가 없었다.

어머님은 모든 일을 자식인 남편이 아닌 며느리인 나를 통해
처리하셨다. 상황이 이런데도 막상 남편은 별생각이 없었다. 몇
년이 지나도 변함없는 상황에 소통방식을 바꾸기로 결심했다.
본인이 해야 할 일인 '어머니 챙기기'를 남편에게 넘겼다. 안부
전화도 나는 진심으로 하고 싶을 때만 하고 나머지는 남편이 하
게 했다. 하지만 결혼 전부터 살갑게 지내온 모자 사이가 아닌데
억지로 좋은 가정을 만들어 보려다가 일이 더 꼬였다. 처음부터

그가 할 자식 역할은 그에게 맡겨두어야 했는데 실수였다. 내가 생각하는 '자식 도리'라는 관념에 갇혀 혼자 그 기대를 맞추려고 하다가 힘들어졌다.

내 친구인 S는 결혼 초 시부모님께 안부 전화를 바라는 남편 때문에 힘들었다. 정작 시부모님은 별말씀이 없으신데 남편이 부담을 줬다. 좋은 아들이 되고 싶은 남편의 기대였다. 그래도 친구는 흔들리지 않았다. 효도는 셀프라며 철저히 자기 소신을 지켰다. 7년이 지난 지금은 결혼 전과 다를 바 없는 사이를 유지하며 지낸다. 엄청 가깝지도 않지만 딱히 멀지도 않은 평탄한 관계다. 결혼 전에 그랬던 만큼만 지내니 오히려 자연스러웠다. 서로가 해야 할 자식 도리는 각자의 몫으로 남겨두자. 대리 효도하는 불상사나 대리 효도를 강요하는 말도 안 되는 일은 내 집안에서 만들지 말자. 배우자를 원망하거나 배우자에게 서운하다면 그건 모두 내 욕심 때문이다.

시집가고 장가간 게 아니라, 결혼한 거예요

자식이 성인이 되어 결혼하면 원가족인 부모는 '자식이 집을 떠났다', '자식이 독립했다', '가족이 줄었다'라고 여겨야 한다. 그런데 어찌 된 일인지 여전히 우리는 며느리가 시집을 왔고, 사위가 장가를 왔으며, 가족이 한 명 늘었다고 생각한다. 세상이 많이 바뀌었다고 하지만 여전히 고리타분한 전통사상은 부모, 자녀 가리지 않고 우리의 뼛속 깊이 박혀있다. 결혼은 엄연히 두 사람의 관계고 결실이지만 결혼으로 인해 다른 관계도 생긴다. 그리고 새롭게 생긴 연결고리는 피 한 방울 섞이지 않은 '남'인 관계를 '가족'이라는 끈으로 묶어버린다. 배우자야 내가 자발적으로 선택한 관계지만 그 외 일가친척은 나의 선택과는 무관한 비자발적인 관계인데도 가족으로 살아야 하는 운명에 놓인다. 문제는 이 관계 때문에 타협과 동의도 없이 무차별적인 의무와 책임을 껴안아야 한다는 것이다.

각자의 원가족 안에는 오랜 시간 해오던 행사나 삶의 원칙이 있다. 그건 부모님이 결혼해서 물려받거나 선택한 것이다. 그래서 나와 배우자와는 무관한 일이다. 그런데 이 당연하지 않은 일들을 결혼했다고 강요받기도 한다. 자식이 결혼하기 전에는 하지 않았던 행사인데 갑자기 더 열심히 챙기는 부모도 있다. 양가 집안 부모님이 모두 생각이 깊고 혜안이 넓으시다면 좋겠지만, 그렇지 않다면 그 또한 우리가 받아들이고 해결해야 할 일이다. 감정으로 대응하거나 관계가 나빠지지 않도록 지혜롭게 대처할 수 있어야 한다.

　우선 결혼 준비하는 동안 각자 자기 부모님과 대화를 나누어 보자. 결혼하면 우리 부부가 무엇을 어디까지 하기를 원하시는 지, 어떤 기대가 있는지 여쭤봐야 한다. '무조건 우리가 하고 싶은 대로만 할 거야'가 정답은 아니다. 어른들이 하시는 말씀을 귀 기울여 듣는 태도는 중요하다. 우리보다 인생을 훨씬 오래 살아온 분들이기에 배울 수 있는 지혜가 많다. 하지만 내부 검열을 거쳐 선택하지 않으면 결국 끌려다니는 결혼생활을 하게 되니 주의하자. 모든 걸 무조건 따르기보다 어디까지 수긍할 건지, 어떤 건 새롭게 제의할 것인지, 또 어떤 건 참여하지 않을 건지 배우자와 함께 협의해서 결정해 보자. 결혼해서 일어나는 모든 일은 우리가 결정하고 책임지는 게 기본이다. 나중에 원망하지 말고, 미리 의논해 보자.

수용과 거절 적절히 선택하기

　사람이라면 누구나 다른 사람에게 사랑과 인정을 받고 싶어 한다. 당연한 심리다. 그런데 인정 심리가 과잉되면 미움받고 싶지 않아서 무리하게 된다. 부모님이 서운해할까 봐, 배우자가 실망할까 봐, 혹은 갈등이 두려워서 싫다고 말하지 못하고 참는다. 그러나 억지로 참거나 애쓰면 언젠가는 터진다.

대신 하겠다고 마음먹은 건 쿨하게 하도록 하자. 거절이 힘들어서 어쩔 수 없이 따르다 보면 억지로 하게 되고 그렇게 하다 보면 불편한 감정이 들고 원망할 수밖에 없다. 좋은 마음으로 기꺼이 할 수 없다면, 차라리 안 하는 게 낫다.

아니라고 생각하는 건 솔직하고 담담하게 거절해 보자. 받아들이기 어려운 걸 거절한다고 나쁜 사람 되지 않는다. 당장은 어렵지만 천천히 해보겠다고 말해보는 것도 좋다. 결혼생활은 길다는 사실을 명심하자. 평생 그런 며느리, 사위가 될 수 있다면 상관없지만, 그게 아니라면 다시 생각해 봐야 한다.

며느리는 아들의 배우자이고 사위는 딸의 배우자일 뿐이다. 결혼은 부모님 말씀 잘 듣는 식구 한 명 늘어난 게 아니라 어느 집에서 평생 귀하게 키운 자손 한 분께서 감사하게도 내 자식과 혼인해 주신 거다. 스스로 이렇게 여길 수 있어야 한다. 자신을 귀하게 여겨야 귀하게 대접받을 수 있다. 수용도 거절도 모두 내 선택이다. '어쩔 수 없이'라는 단어는 내 결혼에 만들지 말자.

우리만의 라이프 스타일

많은 사람들이 삶을 통제하지 못하는 이유는
할 수가 없어서가 아니라 '자기 방식의 삶'이
어떤 것인지 모르기 때문이다.

롭 무어,《레버리지》

'라이프 스타일'은 개인이나 집단이 생활하는 방식이나 습관을 의미한다. 그 사람이 가진 가치관, 행동양식, 소비패턴, 여가활동 등을 포함하며 이것은 전반적인 삶의 질과 만족도에 영향을 끼친다. 그래서 결혼 전에 서로의 라이프 스타일을 파악하는 건 매우 중요하다.

결혼과 출산

혼인신고 여부와 시기, 자녀 출산, 육아 방식과 교육관 등 결혼과 출산에 대해 나누어야 할 사항이 많다. 가정 형태와 법적

절차만큼 중요한 게 또 있을까? 그런데 이것조차 협의하지 않은 채 결혼하는 사람이 수두룩하다. 결혼해서 함께 산다는 삶의 형태는 합의했지만, 살아가는 방식은 합의하지 않는다. '당연한 건데 이야기 꺼내는 게 좀 이상하지 않을까?'라는 생각은 하지 않아도 된다. 돌다리도 두드리며 걷는 법이다. 나에게 당연한 게 상대에게는 아닐 수도 있다. 결혼해서 어떤 모습으로 살고자 하는지 진지하게 생각해 볼 수 있어야 하고 함께 진솔한 대화로 결정해야 한다.

원가족 문화

식사 모임, 제사 등 매해 고정으로 진행하는 가족 행사는 어떤 것이 있는지, 얼마나 있는지, 어떻게 해오고 있었는지 이야기 나누어보자. 생일이나 기념일은 어떻게 챙겨왔는지 듣는 것도 필요하다. 어떤 가족은 생일을 매우 중요하게 생각하며 챙겨왔을 수도 있지만, 또 어떤 가족은 별 의미 없이 미역국만 먹고 지나갔을 수도 있다. 결혼해서 가정을 꾸리면 원가족의 모습을 모방하고 각자 익숙한 방식으로 살게 된다. 그래서 나에게는 당연한 일이 상대에게는 낯선 행동이 될 수도 있다. 그런데 인간은 익숙한 건 옳다고 생각하고 이질감 있는 건 틀렸다고 느끼기 때문에 갈등이 생긴다. 결혼해서 두 삶의 차이를 조율할 수 있도록 서로 다른 가족문화를 살펴봐야 한다.

원가족과의 관계도 중요하다. 부모님과는 어떤 사이로 지냈는지, 교류 정도는 어떻게 되며, 나는 주로 어떤 역할을 해왔는지 배우자와 이야기하자. 무엇을 주고받으며 살았는지도 중요하다. 주고받았던 게 물질이든 정서든 그동안 해오던 관계 방식이 결혼 후에도 지속될 가능성이 크기 때문이다.

기본 생활 습관

가장 많이 부딪히지만 사소해서 불만을 가지기도 타협하기도 어려운 게 기본 생활 습관이다. 이미 몸으로 익숙해서 사실 본인도 뭘 추구하는지 잘 모른다. 추구하는 청소 방식은 무엇인지, 결혼 전에 빨래를 해보기는 했는지. 반찬을 그릇에 덜어 먹는지, 국이 꼭 있어야 하는지, 수면 습관은 어떤지. 이런 우습고 자잘한 이야기가 우리가 진짜 나누어야 할 대화다. 의외로 샤워하는 습관으로 싸우는 부부가 많다. 아침, 저녁 하루에 두 번씩 씻는 사람은 한 번만 씻거나 안 씻는 사람을 이해할 수 없고, 저녁에 씻고 자야 개운한 사람은 아침 샤워가 행복인 사람을 이상하게 본다. 여행이나 일정을 마치고 돌아오면 일단 다 던져놓고 한숨

돌려야 정리를 할 에너지가 생기는 나와, 정리해 놓고 마음 편히 쉬는 걸 선호하는 남편은 이 사소한 걸로 자주 부딪혔다. 서로를 몰라서 그랬다. 다름을 이해하고 나서는 내가 조금 힘내서 같이 하거나 남편도 불편하게 생각하지 않고 뒀다가 함께 한다.

개인 생활

친구 관계 방식과 모임 참여 정도는 어떤지, 무슨 취미생활을 하고 그 빈도와 정도는 얼만큼인지 솔직하게 이야기하길 바란다. 결혼에서 중요한 건 시간, 에너지, 돈이다. 개인 생활은 이 세 가지를 갉아 먹는다. 사생활 파악이 투명하지 않고 제대로 협의하지 않으면, 서로 원망하거나 결혼을 후회할 수도 있다. 결혼했다고 개인의 삶이 무시 되어서는 안 되지만, 결혼이라는 제도를 선택했는데도 개인 생활 보장만 주장하는 것도 성숙한 자세는 아니다. 혼자의 삶에서 공동의 삶으로 이동하면 개인 생활은 지장 받을 수밖에 없다. 존중도 필요하지만, 조정도 필요하다.

쉼의 방식도 중요하다. 친구 E는 남편과 휴식 방법이 정반대다. 집에 있어야 에너지가 충전되는 남편과 밖에 나가서 쇼핑하고 사람을 만나야 활력이 도는 아내가 같이 사니 다른 부부보다 타협과 양보가 중요했다. 어떻게 정한다는 방식 논의만 하지 말고, 서로 이해하려는 마음에서 출발하는 게 필요하다.

가계경제

결혼하면 재산을 모으고 불리는 재무 설계도 중요하지만, 더 중요한 건 각자가 가진 돈에 대한 관념을 파악하는 일이다. 돈이 중요하고 필요하다는 건 알지만 돈에 대한 마음과 정도는 사람마다 다르기 때문이다. 자라는 동안 돈을 어떻게 생각했는지, 돈과 얼마나 친한지, 행복과 얼마큼 연관된다고 생각하는지 이야기 나누어보자.

서로 돈을 추구하는 목적도 질문해 보자. 내 남편은 돈이 많으면 하고 싶은 것을 할 수 있고, 가족에게 해줄 수 있는 게 늘기 때문에 좋다고 한다. 반면에 나는 돈이란 편리를 돕거나 좀 더 건강하게 살 수 있도록 해줘서 좋다. 돈에 대한 가치관 차이는 소비 패턴의 차이를 만들고 가계 계획도 달라진다. 무엇이 옳다 그르다고 판단할 수 없는 문제라서 서로 알고 맞춰가는 게 필요하다.

100세 인생 플랜을 세우고 보험부터 양육비, 애들 학비, 노후 준비까지 해두어야 마음이 편한 사람이 있고, 그런 플랜 없이 잘 사는 사람도 많다. 계획을 세운다고 돈을 잘 벌고 행복한 것도 아니며 무계획으로 산다고 더 불행하지도 않다. 문제는 부부간의 지향점이 다를 때 생길 뿐이다.

어린 시절부터 지금까지 돈을 어떻게 다루며 살았는지 세세히 점검해 보자. 용돈 기입장이나 가계부를 작성해 본 적이 있는지, 학자금 대출이나 결혼 준비 자금을 어떻게 마련했는지, 본인이 직접 관리했는지 아니면 부모님이 대신 해 주셨는지 터놓고 얘기하자. 누가 더 잘했냐를 논하는 자리가 아니다. '나는 지금까지 이렇게 해왔네'라고 스스로 인식하고 상대도 아는 게 중요하다. 그래야 앞으로 가계경제를 어떻게 꾸려갈지 결정할 수 있으니까.

부부간에 라이프 스타일이 다르면 서로 다른 욕구나 기대로 인해 의견 충돌이 생기고 갈등으로 번지기 쉽다. 가치관이나 목표가 다르면 그것만큼 난감한 게 없으니 어떤 라이프 스타일을 추구해 왔는지 알아보고 이젠 우리만의 새로운 라이프 스타일을 만들어보자.

따로 또 같이, 잘살아 보기

함께 있되 거리를 두라.
그리하여 하늘의 바람이 그대들 사이에서 춤추게 하라.

칼릴 지브란

나를 잃어버리지 않도록

결혼해서 정신없이 살다 보니 10년이 훌쩍 지나있었다. 아이들도 잘 키웠고 해낸 일도 많았다. 분명히 이쯤 되면 행복할 줄 알았는데 이상하게 마음이 공허했다. 이유 없이 서글프고 자꾸 짜증이 났다. 엄마와 아내로 아등바등 사느라 '나'라는 사람이 사라진 것 같았다. 가족들 상태나 애들에게 필요한 건 금방 알아차리는데 정작 내 기분과 욕구는 모르고 살고 있었다. 가족만 보고 살아서 생긴 번아웃 현상이었다. 그런 건 열심히 일하는 직장

인들만 겪는 건 줄 알았는데 알고 보니 결혼도 마찬가지였다. 내 가정 지키겠다고 너무 열심히 산 대가는 아픔으로 돌아왔다. 의욕도 없고 사람들도 싫고 몸과 마음이 아프다고 소리쳤다. 멈춤이 필요하다는 신호였다. 아무리 가족이 중요해도 '내가 있어야 가족도 있다'라는 생각에 일단 나를 먼저 살리기로 결심했다.

석 달가량을 울며 지냈다. 모두 잠든 밤에 작은 방에서 혼자 울었다. 영화를 보고 울고, 음악을 들으며 울고, 글을 쓰며 울었다. 내가 어떤 생각을 하고, 어떤 감정을 느끼는지 관심 가지면서 아이들을 살피듯 나를 살폈다. 결혼해서 가족들 돌보느라 정작 나는 돌보지 못하고 살았다는 걸 알게 되었다. 나에게 너무 미안했다. 긴 시간 고생하며 살았는데 그 노고를 인정해 주지 못한 건 나였고, 챙겨주지 못한 것도 바로 나였다. 그때부터 내 행복을 우선으로 두고 생활했다. 다른 사람을 대하듯 거울 보며 웃어주고, 로션 하나도 귀하게 발라주었다. 혼자 식사할 때도 나를 대접하듯 예쁘게 차려 먹었다. 컨디션과 기분도 세심히 살폈다. 귀찮더라도 나가서 운동하고, 힘들면 할 일이 있어도 쉬었다. 그러다 어느 날 내가 아이들과 몸 개그를 하며 장난치는 모습을 발견했다. 겨울이 끝나고 새싹이 피듯 그제야 내가 조금씩 피기 시작했다.

나도 중요하고, 함께도 중요해

첫째가 두 돌이 지나고서야 결혼 후 처음으로 친구들을 만나러 갔다. 그런데 하필이면 그날 애가 다쳤다. 죄책감 때문에 마음이 괴로웠다. 그 일이 있은 뒤로 가족을 두고 개인 시간을 보내는 게 이기적이고 직무를 유기하는 것처럼 느껴져서 한동안 밖에 나가지를 못했다. 하지만 그건 나의 과도한 책임감과 부풀린 해석이었다. 애들은 자라면서 언제든 다칠 수 있고 그냥 그날 그런 일이 생겼을 뿐이다. 24시간 붙어 있고 모든 걸 함께 한다고 해서 사랑이 샘솟고 행복이 상승하지 않는다. 오히려 서로 다른 욕구가 부딪혀 불만족이 늘어갈 확률이 높다. 서로의 사랑을 느낄 수 있으려면 오히려 적당히 분리되는 시간이 있는 게 좋다.

가족도 엄연히 공동체라서 가족이라는 집단이 중요하지만, 개인이 존중받지 못하면 그건 사랑이 아닌 독재다. 결혼, 가정, 가족은 절대 개인의 존재를 구속하는 개념이 되어서는 안 된다. 결혼했다고 스스로에게 희생만 강요하는 건 결혼의 주인이 아니라 종이 되는 것이다. 개인이 생기있게 살아있는 가정이 건강한 가족을 만들 수 있다. 사랑하는 가족이라도 서로 경계가 중요하고 개인과 가정 사이의 적절한 균형감이 필요하다. 가족으로 묶이기 전에 우리는 '나'라는 한 사람이다. 각자의 고유성을 발휘하고 지킬 수 있어야 가족 구성원으로서의 할 일에도 충실할 수 있다.

자신을 돌볼 시간도 없이 가족만 돌보면, 사랑이라는 이름으로 희생과 고통만 떠안는 삶이 된다. 가족을 돌보는 것도 나의 행복을 위해서다. 나는 가족을 사랑하는 것이지 가족을 위해서 사는 게 아니다. '따로 또 같이'가 5:5의 절대 균형을 맞출 수는 없겠지만 우리만의 적절함을 찾으려는 노력은 필요하다. 그 적절함이란 우리 부부가 어떤 사람인지에 따라서 달라지고 가족 생활주기나 상황에 따라서도 달라진다. 자신을 잘 살피고 배우자와 원활히 소통할 수 있다면, 분명 가족의 행복을 위한 자연스러운 균형을 잡을 수 있게 될 것이다.

우리만의 '따로 또 같이' 만들기

남편과 나는 서로를 '베스트 프렌드'라고 부른다. 동갑이어서 그런지 부부이면서 가장 좋은 친구이기도 하다. 좋아하는 음식이나 여가 취향도 비슷해서 둘이 노는 게 제일 편하고 재미있다. 그렇지만 모든 걸 남편과 할 수는 없다. 우린 관심사가 달라서 대화 욕구가 채워지지 않을 때가 있다. 그럴 땐 다른 사회관계를 이용해야 한다. 사랑한다고 모든 걸 남편과 하려다가 오히려 부조화가 생긴다. 배우자는 나와 다른 이성이라 마음이 잘 통해도 다른 성별은 채워줄 수 없는 무엇이 있다. 동성 관계에서만 채울 수 있는 즐거움이 따로 있다는 말이다. 그래서 마음이 좀 답답하다 싶을 때는 오랜만에 친구를 만나 폭풍 수다를 떤다. 공감하는 대화를 가득 나누고 돌아오면 남편과 붙어 있는 시간도 더 즐겁고, 가족들 챙기는 마음에도 여유가 생긴다.

지인과의 만남 외에도 취미, 봉사, 종교 생활, 자기 계발 등 개인을 위한 활동을 따로 마련해 두면 좋다. 나라는 '개인'과 결혼이라는 '함께'가 적절히 조화를 이루면서 활력이 생긴다. 요즘은 가끔 너무 답답하면 저녁에 도망친다. 남편이 퇴근하고 돌아오면 아이들이랑 저녁 좀 먹어달라고 부탁하고 혼자 서점에 간다. 집안일하고 애들 뒤치다꺼리하느라 지쳤던 세포들이 갑자기 살아난다. 그래봤자 고작 두 시간이다. 별것 아닌 잠깐의 일탈로도 충분히 나를 느낄 수 있다.

또 하나 잘한 건 얼마 전에 내 책상을 마련한 일이다. 작은방 구석에 1인용 노트북 테이블을 마련했다. 삼만 원 투자했는데 행복도는 만 배로 커졌다. 집에서 엄마로 살다가도 내 책상에 앉으면 곧장 '나'로 돌아간다. 책도 읽고 일기도 쓴다. 물건이라곤 달력, 필기구, 타이머뿐이지만 나의 것, 나의 자리, 나만의 시간이라는 존재감을 느끼게 해주는 소중한 장소다. 적절한 거리로 함께 살아가는 법을 익히는 일은 가정의 숨구멍을 만드는 일이므로 꼭 챙기기를 바란다.

사랑하는 사람과 헤어지는 게 아쉬워서 했던 결혼인데 다들 결혼하면 헤어질 수 없어서 고통스럽다고 한다. 부부싸움하고도 한 집에서 얼굴 봐야 하는 게 결혼의 현실이다. 진짜 결혼 준비는 같이 살 준비만 하는 게 아니라 같이 살면서 어떻게 '적절한 따로'를 만들 것인지까지 고민하는 일이다. '하나'가 아닌 '함께 사는 적절한 둘'이 되려면 우린 어떻게 할 것인지 생각해 보자.

결혼은 사소한 것의 합이다

결혼은 영적인 교감이기도 하지만,
쓰레기를 내다 버리는 것을 기억해야 하는 일이기도 하다.

조이스 브라더스

사소한 것을 사소하게 여기지 않는 마음

결혼하면 치약 짜는 걸로 싸운다는 말이 있다. 단순한 농담
이 아니라 실제다. 누군가에게 치약은 그저 이 닦는 도구일 뿐
이다. 중간에서 움켜쥐고 짜든 세면대에 던져놓든 상관없다. 하
지만 또 다른 누군가에게는 주체적으로 삶을 운영하고 통제하
는 도구이며 지구애라는 철학을 반영한 일이 될 수도 있다. 치약
이라는 작은 세계를 정복하는 일은 그것과 연결된 또 다른 세계,
더 나아가 삶이라는 큰 세계를 정복하는 일이 되기도 한다. 치약

싸움은 단순한 습관 차이가 아니다. 한 사람이 살아가는 삶의 방식을 상대가 존중하느냐 하찮게 여기느냐의 문제가 된다. 생활 습관은 그 사람의 우주이며 그 사람 자체다. 태어나서 지금까지 살아남게 해준 핵심 전략이고 정체성의 발현이기도 하다.

'치약을 어떻게 짤 것인가?'를 논하는 건 우리가 서로 사랑하고 존중한다는 표시며, 같이 살아갈 수 있는 능력이 있다는 증거가 된다. 우리에겐 무한한 지혜가 있다. 그러니 아끼지 말고, 탈탈 꺼내 써보도록 하자. 당신이라면 어떻게 하겠는가?

① 끝에서부터 꼼꼼히 짜서 쓰는 새로운 습관을 길러본다.

② 무슨 상관이냐는 가벼운 생각을 장착하고 대충 쓰며 산다.

③ 배우자가 어떻게 쓰든 말든, 나는 기쁜 마음으로 밀어 쓴다.

④ 치약 디스펜서를 사거나, 치약 두 개를 취향대로 쓴다.

치약 짜기 따위의 사소한 일을 이렇게 진지하게 의논할 수 있다면, 우리의 사랑은 깊어지고 앞으로 무엇이든 잘 해낼 수 있을 것이다. 결국 싸우는 건 치약 때문이 아니다. 마음과 태도의 문제다. 내 눈에 사소해 보이는 것들이 그 사람에겐 절대 사소하지 않다는걸 꼭 기억하자.

사소한 말과 행동이 모여 결혼이 된다

부부가 사소한 일로 싸우는 이유는 결혼이라는 게 결국 사소한 말과 행동의 합이기 때문이다. 결혼의 두 가지 큰 축은 '관계'와 '생활'이다. 말과 행동을 어떻게 하느냐에 따라서 관계를 돈독하게 할 수도 있고 깨트릴 수도 있다. 그래서 사소한 말 한마디, 행동 하나를 잘해야 한다. 이 부분을 간과하면 잘 쌓아가던 결혼이라는 성을 무너뜨리게 된다. 별거 아닌 걸로 치부하거나 쉽게 생각해서 그렇다. 말 한마디도 신중하게 내뱉고 행동 하나도 잘 생각해서 해야 하는데, 만만한 게 가족이다.

"이걸 왜 이렇게 해놨어, 내가 이렇게 하지 말라고 했잖아." 결혼했다는 이유만으로 당연한 듯 강요하고, 안 한다고 비난한다. "그냥 대강하면 되지, 뭐 별일도 아닌 걸로 잔소리야." 그 사람의 불편을 하찮게 여기고 쉽게 무시한다. 하지만 결혼에서 사소한 일이란 아무것도 없으며 그런 건 존재하지도 않는다. 모든 건 큰 일이고 중요한 일이다.

tvN 〈김창옥 쇼 2〉에서 이혼을 결심한 70대 노부부 이야기를 들었다. 노부부는 저녁으로 치킨을 배달시켰는데 할아버지는 늘 그랬듯이 무 국물을 버리고 오라고 했다. 할머니가 주방으로 간 사이 TV를 보며 치킨을 먹던 할아버지는 별생각 없이 닭다리 두 개를 다 먹어버렸다. 그걸 본 할머니는 그 자리에서 이혼을 결심했다. 할아버지는 닭 다리 가지고 그러냐고 치킨 하나 더 시키라고 했지만, 할머니는 이렇게 말했다. "지난 40년 동안 당신이 나를 이렇게 대했어."

아내는 임신했을 때 먹고 싶은 게 있어서 말했는데, 남편이 잊어버리고 사 오지 않았던 일을 평생 이야기한다. 남편은 힘들게 일하고 집에 왔는데, 아내가 방안에서 대충 인사한 일을 마음에 계속 담아둔다. 이런 아내와 남편은 속이 좁아서 그런 걸까? 절대 아니다. 사소한 일로 상대가 나를 얼마나 사랑하고 존중하는지 느끼기 때문이다. 결혼하면 사소한 일로 기분 상하고, 사소한 행동에서 사랑을 느낀다.

나는 식당에서 밥을 먹다가 흘렸을 때 남편이 뽑아주는 휴지 한 장에서 그의 사랑을 느낀다. 바람 좋은 날 산책하다가 슬며시 잡아주는 손안에서 우리의 사랑을 느낀다. 애 둘 낳고 정신없이 살면서 데면데면했던 우리 사이를 다시 가깝게 만들어준 건, 특별한 게 아니라 사소한 말과 행동이었다. 남편 얼굴 쳐다보고 싱긋 웃어주는 것, 마흔이 넘었지만 귀엽다며 볼을 꼬집고 장난치는 것, 운전하고 나면 "고생했어", 밥 먹을 때 "너무 맛있어", 청소 끝나면 서로 엉덩이 툭툭 두드려주며 "아이고, 잘했네" 말해주는 것. 사소한 말과 행동이라는 음표들을 모았더니 어느새 행복이라는 음악이 저절로 울려 퍼지고 있었다.

우리 결혼의 나비효과 만들기

나비효과는 작은 변화가 시간이 지남에 따라 큰 결과를 초래할 수 있다는 개념이다. 나비효과는 우리 삶 곳곳에서 발견된다. 하루에 10분 독서하는 작은 습관 하나가 인생을 바꿀 수 있고, 누군가에게 건넨 따뜻한 말 한마디가 생을 포기하려던 사람의 마음을 일으켜 세울 수도 있다.

이런 나비효과가 결혼에도 적용된다. 그래서 사소한 것들을 간과하지 않고 서로를 위한 좋은 말과 행동을 쌓아야 한다. 지금 하지 않다가 나중에 하려면 어렵다. 신혼 버릇 평생 간다. 결혼 전이든 이미 했든 상관없으니 오늘이 가장 빠른 날이라는 생각으로 지금부터라도 우리의 사소함에 관심 가져보자. 결혼 준비할 때부터 큰일들을 많이 처리하기 때문에 작은 일은 간과하기 쉽다. 서로의 작은 관심, 사소한 배려 하나가 모여서 우리 결혼 생활을 만들어간다는 걸 기억하자.

결혼은 똑같은 날의 반복이고 지루한 일상을 가꾸며 사는 일이다. 사랑하는 사람과 결혼해서 행복하게 살고 있다는 거대한 사실을 인식하는 것도 중요하지만, 오늘 납부해야 하는 공과금을 확인하고, 변기를 청소하고, 다 떨어진 샴푸를 주문하는 것도 못지않게 중요하다.

결혼해서 사소한 것을 살펴볼 수 있고, 사소한 일을 중요하게 여길 수 있으려면 마음에 편안함과 여유가 있어야 한다. 그래서 에너지 관리가 필수다. 잘 먹고 잘 자야 한다. 기본을 지키는 일이 기분을 지키는 길이고, 나아가 결혼생활도 지킨다는 사실을 기억하자.

* 건강한 식생활과 충분한 잠, 규칙적인 운동을 통해 활력 있는 몸을 유지하기
* 마음을 살피는 시간과 기쁨의 빈도를 높여 나와 상대를 즐겁게 만들기
* 다정한 말, 고맙다는 인사, 고생했다는 격려를 나누며 사랑하는 관계 지키기

우리의 사소한 노력이 나비효과가 되어 결혼생활에 대한 만족과 행복으로 돌아올 것이다.

대화가 통하면 마음도 통한다

행복한 결혼은 약혼한 순간부터 죽는 날까지
지루하지 않은 기나긴 대화를 나누는 것과 같다.

앙드레 모루아

    결혼하면 건강, 경제, 성, 양육 등 중요한 게 참 많다. 무엇을 우선순위로 둘 것인지 결정하는 건 부부의 몫이겠지만 빠져서는 안 될 하나가 있다면 그건 바로 '소통'이다. 결혼도 사람과 사람이 만나서 하는 일이라 소통이 중요한데, 의외로 '말'을 잘 하지 않고 사는 부부가 많다. 불만이 있어도 안 하고, 고마운 게 있어도 안 하고, 하여간 말을 안 한다.

    "아는", "밥도", "자자". 오죽하면 경상도에서는 이 세 단어만으로 결혼생활이 가능하다는 농담도 있을까. 결혼은 몸만 같이 사는 사이가 아니라 마음도 같이 사는 사이가 되어야 한다. 마음은 눈에 보이지 않는다. 말과 행동으로 직접 전해야 알 수 있다. 부부 사이에 도움 되는 대화법 몇 가지를 소개해 본다. 거창한 이론이나 학문적 바탕이 있는 건 아니고 내가 마음에 피멍 들며 터득한 소소한 팁이다.

통(通)하는 사이로 만드는 대화법

있는 그대로 보고, 있는 그대로 듣기

사람은 다른 사람의 말을 자기 멋대로 해석해서 듣는 경향이 있다. 나의 정신건강과 배우자와의 관계를 위해서는 있는 그대로 듣는 연습이 필요하다. 처음에는 어렵지만, 하다 보면 익숙해진다.

> **남편에게 부탁한 일이 있었다. 그런데 며칠이 지나도 하지 않는다.**
>
> **남편 입장**: 단순히 까먹었을 뿐이다.
>
> **아내 입장**: 어떻게 그럴 수 있지? 사랑한다면 내 말을 기억하지 않을 수 없잖아. 나를 하찮게 생각하는 거잖아. 정말 너무해.

아내의 생각은 있는 그대로의 남편 마음이 아니다. 자의적인 해석이다. 기억력과 애정은 별개다. 배우자가 세심하고 기억력이 좋은 편이라면 축하할 일이다. 하지만 그렇지 않은 사람도 많다. 결혼하면 각자 책임감에 허덕거린다. 이것저것 챙겨야 할게 넘치고 해야 할 일이 가득하다. 말 그대로 사는 게 정신이 없어서 까먹기 일쑤다. 거기다가 나이 들어가면서 총명함도 떨어진다. 육아 헬(Hell) 기간이라면 더욱 그렇다. 부부 둘 다 잠도 제대로 못 자고 좀비처럼 산다. 체력이 떨어지니 서로 예민해진다. 기억해 주면 고맙지만 못하면 어쩔 수 없는 상황이다.

그렇다면 이럴 땐 어떻게 해야 할까?

사실에 집중: 남편이 부탁한 일을 아직 처리하지 않았음

해결에 집중: 상대에게 기억 여부를 확인 후 다시 한번 요청하기

감정 싣지 말고, 내 마음대로 해석하지 말고, 도움 안 되는 생각은 하지 말고, 사실만 보는 훈련을 해보자. 그렇게 하면 내 마음도, 관계도 훨씬 좋아진다.

솔직하게 표현하기

결혼은 신뢰가 생명이다. 그래서 솔직하게 소통하는 게 중요하다. 푸념하거나 원망하지 말고, 마음을 나누고 감정을 조절해야 한다. 한마디로 밥솥에 김을 빼는 것과도 같다. 참고 살면 결국 곪아 터지고 다른 부분에서 일이 생긴다. 말하지 않으면서 '당연히 이래야 하는 거 아니야?'라고 속으로 생각하지 말자. 표현하지 않으면 평생 모른다. 그냥 내가 말하지 않은 건 저 사람은 전부 모른다고 생각하면 된다. 그리고 내 마음과 입이 일치하도록 해야 한다. 속 좁은 사람 될까 봐 마음 상한 게 있어도 말하지 못한다. 솔직히 말했을 때 "뭘 그런 거 가지고 그러냐!" 하지 않기로 하자. 내가 사랑하는 사람의 마음이 그렇다 하지 않는가. 쑥스럽다고 고마운 게 있어도 표현하지 않는다. 용기를 내보자. 하다 보면 알콩달콩 사는 맛이 난다. 상대가 애정을 표현해 주면 나는 두 배로 돌려주기로 하자. 부부 소통 참 쉽다.

나를 초점에 두고 말하기

부부가 마음 상하는 일을 솔직하게 말하지 못하는 이유는 상대방이 나의 잘못만 꼬집거나, 상한 마음을 상대방이 기꺼이 받아주지 않아서 그렇다. 그래서 우리에겐 약간의 기술이 필요한

데 중요 포인트는 '초점'이다. 내가 어떻게 느끼는지 나를 초점으로 말해야 한다. 말할 때 상대방의 행동이 초점이 되어서는 안 된다. 심리학자 토머스 고든이 만든 '나 전달법(I-message)'이랑 비슷하다. 학부 때 배웠는데 알고 있음에도 상황이 닥치면 적용이 어려웠다. 이 대화법을 잘 쓰려면 왜 화가 나는지, 뭘 원하는지 먼저 내가 내 마음을 알아차릴 수 있어야 한다. 내 마음의 이유를 모르면 AI처럼 기계적으로 하거나 결국은 참지 못해 감정 쓰레기를 투척한다. 게다가 내 욕구를 충족시키는 것도 실패한다. 내 마음 알아달라고 투정하지 말고, 폭격기처럼 상대방 공격하지 말고, 입 꾹 닫고 가마니가 되지도 말자. 느끼는 것도 바라는 것도 솔직하게 말하자. 대신 부탁을 들어주느냐 마느냐는 상대방의 몫이다.

배우자의 행동이 불편할 때 할 수 있는 선택지

1안: 좀 조심해. (명령하기)

2안: 아니, 대체 왜 그래? ('네 잘못이다'로 몰아가기)

3안: 나 놀랐어. 나 기분이 상했어. (나의 상태 전달하기) + 욕구/바람/요청

몇 번째 안을 선택할 것인가? 내 결심에 달렸다. 상대방을 탓하는 말은 누구나 공격으로 느껴 방어하게 된다. 있는 그대로 나를 초점으로 말하면 더 쉽게 내 말을 수용한다. 내가 어떻게 느낄지 상대방은 몰랐다. '너 때문'이라고 말하지 않기. 심판하는 말, 탓하는 말 하지 않기. 화났을 땐 30초만 세어보자. 조금 있다가 화내자고 생각하면 나중에 화내려고 해도 나지 않는 경우가 많다. 바로 감정 쏟지 말고, 제발 화는 말로 내자.

그 너머의 마음 살피기

우리 부부싸움을 탐구하면서 깨달은 사실이 있다. 사람이 서로 감정을 제대로 표현하지 못하고 싸움의 영역으로 넘어가면, 그때부터는 사람이 사라진다는 사실이다. 이게 무슨 말이냐면, 부부싸움은 사람과 사람의 대화가 아니라 방어기제끼리의 대환장 격투라는 말이다. 무안한 마음을 침묵으로 표현하고 서운함을 화로 대응한다. 솔직한 마음이 아니라 방어기제로 받아치니까 해결로 가지 못하고 감정싸움만 한다. 결국 사람은 사라지고 미친 에고(생각)와 에고(생각)가 남아서 싸운다. 이런 상황을 예방하기 위해서는 갈등이 있을 때 자기가 어떻게 반응하는지, 어떻게 대처하는지, 알고 있어야 한다. 상대의 습관도 알고 있으면 배우자가 어떤 마음이어서 그렇게 말하고 행동하는지 이해할 수 있게 된다. 사랑하는 사람이고 소중한 가족이라면 불편한 상황에서도 숨 한번 크게 들이쉬고 '왜 저 사람이 지금 이렇게 행동할까?' 하며 보이는 것 너머의 마음을 헤아려 보자. 사람의 마음 끝에는 모두 같은 마음이 있다. '사랑받고 싶다'라는 마음이다. 그 마음 하나 때문에 화내고 싸운다. 가만히 돌이켜보고, 찬찬히 들여다보고, 하나씩 곱씹어보고, 곰곰이 생각해 보기. 내 마음도 상대 마음도 그렇게만 볼 수 있다면 관계는 이상 무!

결혼은 끝이 아닌 시작

사랑해서 함께 한 게 아니야.

더 사랑하려고 함께 하는 거야.

영화, <업(UP)> 중에서

결혼은 행복이 아닌 성숙을 위한 것

결혼식이 끝나자마자 친구가 운전해 주는 웨딩카를 타고 공항으로 갔다. 드라마에서 보던 바로 그 장면인데도 정신이 없어서 행복을 느끼지 못했다. 오히려 더 크게 남은 기분은 후련함이었다. '우리 결혼식'이라는 북적이던 공간을 벗어나 단둘만 남았을 때의 홀가분함을 잊을 수가 없다. 결혼 준비라는 긴 여정이 무사히 종료된 것에 대한 안도와 모든 게 끝났다는 해방감이었다. 사랑해서 결혼했고 결혼식까지 무사히 마쳤으니, 이제 행복이라는 두 글자만 만끽하면 될 일이었다. 하지만 결혼은 모든 것의 끝이 아닌 시작이었다. 사랑의 결실이며 행복의 보장인 줄 알았던 결혼은 막상 살아보니 그 단어들과 별개였다. 결혼해 봤자 행복하지 않다는 말이 아니라 행복이라는 단어는 결혼의 목적이 아니라는 말이다. 행복한 날도 있고 불행한 날도 있고, 그 두 가지가 공존하는 날도 있었다. 사랑하는 사람과 함께 살면서 이런 일도 겪고 저런 기분도 겪고, 모든 인생을 온전히 경험하면서 성숙해졌다. 결혼을 통해 더 큰 사람이 되겠다는 마음 없이 단순히 행복만 생각한다면 괴롭고 힘들 수밖에 없다. 우린 이런저런 경험을 하며 결혼 덕분에 성장했다. 서로 다른 부분을 맞춰가고 조율하면서 좁았던 각자의 세계를 확장했다. 두 사람이 성숙을 향해 나아가는 게 결혼이라는 것을 기억한다면 분명 이 선택은 꽤 보람 있고 재미있는 여정이 될 것이다.

결혼하고 나서는 행복에 대한 관념도 바뀌었다. 사람들이 생각하는 행복은 좋은 것만을 뜻한다. 좋은 집에서 살고, 좋은 차 타고 다니면서 걱정 없이 해외여행이나 다닐 수 있으면, 그게 행복이라고 생각한다. 그건 쾌락이다. 쾌락은 금방 사라진다. 행복은 모든 것을 포함한 것이라는 생각이 든다. 다양한 장면이 모여 한 편의 멋진 영화가 되는 것처럼, 우리 결혼에서 펼쳐지는 수많은 기쁨과 고난이 모여 우리만의 결혼, 우리만의 추억이 되고, 그 전체가 행복이다. 행복에 그렇게 집착했는데 행복도 그리 거창한 게 아니었다. 갓 구운 빵을 손으로 찢어 먹을 때 느끼는 작은 즐거움을 행복이라고 말했던 소설가 무라카미 하루키처럼, 자려고 누웠을 때 마음에 걸리는 게 하나도 없으면 행복이라고 말했던 방송인 홍진경처럼. 소소하고 은은하고 안온한 마음이 행복이다.

결혼은 당신을 사랑하기로 결단하는 것

사랑해서 결혼한 건 맞지만, 결혼한다고 사랑이 저절로 유지되지는 않는다. 그래서 결혼했다고 나 몰라라 하면 안 되고 더 열심히 사랑을 키워야 한다. 이젠 콩깍지가 벗겨질 것이고 함께 살면서 부딪히고 싸우기도 할 것이다. 사랑의 불이 꺼지기 쉬우므로 더 열심히 서로를 사랑해야 한다.

게다가 즐거움뿐만 아니라 어려움도 겪는다. 세상의 풍파를 함께 이겨내는 같은 편끼리는 더 챙겨주고 아껴주어야 한다. 연애할 땐 '그래서 당신을 사랑해'였다면, 결혼하면 '그럼에도 불구하고 당신을 사랑해'가 되어야 한다. 사랑해서 결혼하는 게 아니라 평생 사랑하기로 결단하는 게 결혼이니까. 사랑해서 결혼했다고 생각하면 '사랑한다면서 왜 이렇게 안 해줘?'라는 마음이 생긴다. 그런데 사랑하려고 결혼했다고 생각하면 '어떻게 더 사랑해 줄까?' 고민하게 된다.

더 많이 더 오래 사랑하려고 하는 게 결혼이다. 결혼은 사랑의 완성이 아니라 새로운 사랑을 시작하는 일이다. 아직 한 번도 만난 적 없는 그 사람의 미래와 새롭게 만나고 처음 해보는 사랑을 한다. 그래서 부부의 사랑은 백년을 살아도 매일 새로운 사랑이다. 결혼 준비의 시작은 우리에 대해 이런 믿음을 가지는 것이 되어야 하고, 그렇게 만들겠다고 결단하는 일이다. 우리의 사랑은 지금의 설렘을 지나 다른 모습들로 변하겠지만 모든 게 우리 사랑이다. 다른 멋이 있고, 다른 기쁨이 있으며, 다른 모습에 감탄하게 될 것이다. 사랑하기로 결단하면 알게 된다. 사랑은 어떤 조건으로 '생기는 것'이 아니라 내가 마음먹은 대로 '하는 것'임을.

완벽하지 않아도 조금씩, 천천히

결혼! 그게 뭐라고 준비하다 싸우고, 결혼! 그것 때문에 서로 상처 준다. 결혼이 중요한 게 아니라 우리가 중요한 건데 괜히 가만히 있는 결혼을 바랐다가 미워했다가 난리다. 성대하게 결혼식을 잘 치러낸다고 행복해지지도 않고 결혼해서 애쓴다고 행복이 오지도 않는다. 중요한 건 결혼이 아니라 우리가 함께한다는 사실이고, 결혼을 선택하는 나와 결혼의 이유가 된 그 사람이 소중하다는 것을 기억하는 일이다.

결혼, 그거 좀 잘 해보려다가 내가 사랑하는 사람에게 못 할 짓을 많이 했다. 후회스럽고 미안하다. 지금이라도 정신 차려서 진짜 소중한 걸 지킬 수 있어서 다행이라고 생각한다. 결혼해서 잘 먹고 잘사는 일보다 중요한 건 나 자신이고, 내가 사랑하는 그 사람을 마음 아프게 하지 않는 거니까.

결혼할 때 뭘 하러 그렇게 서둘렀나 싶다. 할 일이 많아지니 마음이 조급해지고 여유가 없으니 힘들어졌다. 사랑하고 행복할 틈이 없었다. 결혼 전으로 다시 돌아간다면 빈집에서 시작할 거라고 둘이 농담처럼 말한다. 생각해 보면 급할 게 하나도 없는데 처음부터 다 갖춰야 한다는 생각 때문에 소중한 에너지를 허비했다. 걱정과 조바심을 버리고 조금씩, 천천히, 하나씩 해나가도 된다. 살림살이는 미리 다 준비하는 것보다 살면서 마음에 드는 걸로 하나씩 채워가는 게 더 좋다. 가족이 되어가는 것도 예의와 존중을 갖춰서 천천히 해도 된다. 인생이 길다. 평균 수명까지 늘어서 더 오래 같이 살아야 한다. 처음부터 완벽하게, 처음부터 잘하려는 생각을 버리고, 부족하고 서툴고 아쉬운 부분이 있더라도 천천히 해나가자.

자라오는 내내 남과 비교하며 살아와서 결혼하면 또 자연스럽게 비교하게 된다. '저 사람은 벌써 집을 샀는데', '저 사람은 벌써 애가 몇 살인데' 이런 생각을 하다 보면 내 현실이 만족스럽지 않고 행복도 사라진다. 우리에게 필요한 건 결혼이라는 풍경을 감상할 마음의 여유와 천천히 걷는 걸음이다. 우리가 만들어가는 결혼에 집중해서 살면, 남들보다 더 나아서 느끼는 행복이 아니라 우리만의 행복을 느낄 수 있다. 삶의 기쁨은 완성에서 오는 게 아니다. 만들어가는 과정에서 누리게 되는 것이다. 결혼이라는 당장 코앞의 사건만이 아니라 삶이라는 긴 안목을 가져보도록. 오늘이라는 장면이 모여 결혼이라는 작품이 되니까. 우리가 지켜야 할 건 바로 '오늘'이다.

결혼의 주인

초고를 썼을 땐 결혼 12년 차였는데 에필로그를 쓰는 지금은 해를 넘어 13년 차가 되었다. 벚꽃 필 무렵 결혼했던 우리는 열세 번째 결혼기념일을 함께 축하하며 많은 소회를 나누었다. 나는 남편 덕분에 쓸 수 있었던 원고를 보여주고 남편은 진심으로 나의 글을 읽어주며, 이 책 자체가 서로에게 선물이 되었다.

세상 모든 것이 그러하겠지만 특히나 정답 없는 '결혼'이라는 주제로 글을 쓰면서 '이렇게 말한다고 도움이 될까?', '이렇게 말한다고 소용이 있을까?' 온갖 잡생각과 자기 검열에 시달리기도 했으나 말 그대로 정답이 없으니, 나의 경험을 담담히 이야기하는 것에 뜻을 두면 누군가에게 한 가지 정도(나의 실패담이라도)는 도움 되겠다는 생각으로 마무리할 수 있었다.

만약 우리 부부가 결혼 처음부터 지금까지 잘 살기만 했다면 결혼에 관한 책은 쓰지 않았을 것이다. 결혼 10년 동안 잘못된 방향으로 열심히 삽질하며 팔이 아파봤기에, 그 아픔의 고통과 안타까움을 너무도 잘 알기에, 그래서 쓰게 되었다. 알고 보니 삽질할 필요 없이 모래 위에서 둘이 손잡고 춤을 추면 될 일인데 그걸 몰라서 엉뚱한 곳에 시간과 에너지를 많이 썼다. 반대로 결혼해서 괴로움만 경험했다면 그랬어도 책을 쓰지 않았을 것이다. 결혼에 대한 후회와 쓰라림만 공유하며 "나는 비록 실패했지만, 당신은 부디 성공하세요."라는 내용이 될 테니까. 그건 너무 슬픈 일이다. 우리 부부는 결혼해서 잘 지내보기도 하고 잘 지내지 못하기도 해봐서, 무조건 결혼이 문제거나 결혼 상대자가 문제가 아니라는 걸 알게 되었다. 그래서 결혼 전이든, 이미 결혼했든 상관없이 부부가 함께 노력하면 분명 두 사람이 원하는 결혼생활을 만들 수 있다는 확신을 독자들에게 드리고 싶었다. 우리도 했으니, 당신도 무조건 할 수 있다고.

책에서 소개한 '나만의 결혼 준비'가 분명 하루아침에 되지는 않을 것이다. 부부 중 한 명이 먼저 시작할 수는 있지만 두 사람이 함께 마음을 모으지 않으면 할 수 없고, 어떤 과정을 마스터하듯 한 단계씩 해치우고 끝낸다고 되는 것도 아니다. 편안한 마음으로 나와 상대를 알아가고 결혼을 놀이하듯 즐겁게 만들어가다 보면 언젠가 조금씩 되어가는 우리를 발견하게 될 것이다.

벌써 6학년이 된 첫째가 어릴 때 레고 놀이를 좋아했다. 손톱만 한 레고 조각을 신중하게 고르고 원하는 곳에 끼워 넣으며 이렇게 만들었다가 저렇게 만들었다가 하는 모습을 보고 있으면 그 모습이 참 예뻤다. 그때 아이가 레고를 만드는 모습을 보며 멋지다고 칭찬하지 말고, 지금의 몰입과 아이의 즐거움을 같이 느껴야겠다고 생각했다. 결혼이 마치 레고 놀이 같다. 완성이라는 정해진 도안이 있는 게 아니라 내가 원하는 대로 끼우고, 쌓고, 마음에 들지 않고 필요 없는 건 다시 빼서 다른 걸로 바꾸는 것. 만들어진 만큼의 모습을 감상하고 또 원하는 조각을 고르며 사는 것. 그리고 그 모든 행위 자체를 즐기고 성공으로 느끼는 것. 그게 바로 결혼인 것 같다.

사실 이 책은 우연히 시작되었다. 결혼에 한창 회의를 느낄 때 나의 '마음'에 몰입하면서 어떻게 살아야 할지 고뇌했다. 미라클모닝 모임도 신청해 보고, 감사 일기 챌린지에도 참여해 보고, 이런저런 온라인 모임의 도움을 받아 조금씩 내 인생의 레고 조각을 다시 빼고 끼웠다. 참여했던 모임 중에 '나만의 완벽을 만드는 워크북'이라는 모임이 있었는데 그 모임 덕분에 결혼에 관한 내용을 내 삶에서 그치지 않고 글로 나눌 수 있었다. 참여 메이트들과 재능 기부 활동을 했는데 특별히 나눌 재주가 없었던 내가 떠올렸던 게 바로 '결혼'이었다. 대부분 미혼 청년이어서 결혼 전에 알았으면 하는 내용을 몇 가지 정리해서 PDF 전자책으로 나눔을 했다. 모임 안에서만 나누기 아까워서 블로그 이웃들께도 나눔을 했고, 감사하게도 많은 분이 읽어주시고 도움이 되었다는 피드백도 주셨다. 그때의 경험과 사람들의 마음 덕분에 더 많은 사람에게 도움을 주고 싶어서 종이책 원고를 써야겠다는 결심을 했다. 그래서 글을 쓴 저자가 나인 건 맞지만 책으로까지 나올 수 있었던 건 수많은 사람의 도움이 있었다는 걸 기억한다. 그분들께 정말 감사한다.

결혼에 대해 함께 고민하고 자신을 변화시켜 준, 그리고 기꺼이 결혼 이야기를 세상에 허락해 준 나의 남편 문규 씨에게, 엄마가 글을 쓰는 동안 그 모습을 지켜보며 함께 응원해 준 나의 두 아들 민준과 윤호에게도 고마움을 전한다. 세상 무엇과도 바꿀 수 없는 가족의 든든한 지지 덕분에 책쓰기라는 새로운 도전을 할 수 있었다.

언제나 우리 인생의 한 치 앞은 알 수가 없다. 내가 걸어가는 결혼이라는 이 길이 어떤 모습일지는 모르지만, '나'와 '너'가 함께 만든 우리의 합작품이라는 사실은 분명하다. 어떤 모습이든 그것은 있는 그대로의 진실한 삶일 것이다. 기억이 추억이 되었다가 마침내 모든 것은 기적이었다는 걸 깨닫는 우리의 삶. 그런 매일을 사는 게 결혼이다. 삶은 결과로 논하는 게임이 아니다. 원하는 대로 선택하는 즐거움을 누리는 게임이다. 내가 주체적으로 선택했다면 어떤 과정과 결과를 맞이하든 그건 옳은 선택이다. 결혼이 어떤 모습이든 당신이 결정했기에 그것은 옳은 결정이고 잘한 결정이다. 당신의 결혼을 가슴 깊이 응원한다. 당신은 이미 결혼의 주인이다.

직접 쓰는
나만의 결혼 노트

Part 1

결혼 12년 차, 결혼 준비가 따로 필요한 줄 몰랐다

❶ 내가 생각하는 결혼 준비란 무엇인가?

❷ 내가 생각하는 결혼이란 무엇인가?

❸ 나는 왜 결혼을 선택하는가?

❹ 이 사람과 결혼을 결심한 이유는 무엇인가?

❺ 내가 가진 결혼에 대한 기대는 무엇인가?

❻ 내가 가진 결혼에 대한 두려움은 무엇인가?

❼ 내가 생각하는 행복한 결혼생활의 요소는 무엇인가?

❽ 결혼하면 얻는 것은 무엇인가?

❾ 결혼하면 잃는 것은 무엇인가?

❿ 내가 그리는 우리 결혼의 미래는 어떤 모습인가?

Part 2

홀로서야 결혼의 주인이 된다

❶ 내가 볼 때 우리 부모님은 어떤 부부였나?

❷ 내가 볼 때 우리 부모님은 어떤 부모였나?

❸ '나는 결혼해서 이렇게 살아야겠다', '나는 이런 부모가 되고 싶다'라고
생각한 게 있는가?

❹ '나는 절대로 결혼하면 이렇게 살지 않겠다', '나는 절대 이런 부모는 되지
않을 것이다'라고 생각한 게 있는가?

❺ 성장 과정에서 겪었던 일 중에서 아직 잊히지 않거나 자주 떠오르는 일은
무엇인가?

❻ 결혼하기 전까지 과거 나의 삶은 어땠다고 생각하는가?

❼ 원가족(부모)과 주로 어떤 시간을 보내고 어떤 추억을 쌓았는가?

❽ 나와 원가족(부모)의 분화 정도는 어떠한가?

❾ 나의 4가지 독립(경제적·물리적·정서적·정신적)의 정도는 어떠한가?

❿ 연애 기간 반복적으로 생겼던 문제나 갈등이 있는가? 그 원인이나
   이유는 무엇인가?

Part 3

나를 알아야 결혼의 주인이 된다

❶ 나는 어떤 걱정이나 고민을 자주 하는가?

❷ 나는 어떤 감정을 자주 느끼는가? 어떤 순간에 어떤 이유로 그 감정을 느끼는가?

❸ 내가 가장 원하는 것(나의 욕구)은 무엇인가?

❹ 나는 어떤 순간에 행복(기쁨)을 느끼는가?

❺ 나는 어떤 순간에 불편함(고통)을 느끼는가?

❻ 내가 좋아하는 사람은 어떤 사람인가?

❼ 내가 싫어하는 사람은 어떤 사람인가?

❽ 내가 생각하는 나는 어떤 사람인가?

❾ 내가 가진 성격이나 습관 중에서 결혼해서 문제가 될 만한 부분은 무엇인가?

❿ 나의 발작 버튼(이유 없이 화가 나거나 매우 민감한 부분)은 무엇인가?

❶ 처음 나의 배우자를 사랑하게 된 가장 큰 요인은 무엇인가?

❷ 상대가 어떤 배우자가 되어주기를 바라는가?

❸ 나는 어떤 배우자가 되고자 하는가?

❹ 우리의 공통점(비슷한 부분)은 무엇인가? 우리의 차이점(다른 부분)은
무엇인가?

❺ 우리가 함께 즐길 수 있는 취미나 여가는 무엇인가?

❻ 우리가 각자 다르게 즐기는 활동은 무엇인가?

❼ 내 배우자의 장점이나 강점은 무엇인가? 단점이나 약점은 무엇인가?

❽ 배우자에게서 나와 다른 점을 발견했을 때 어떻게 느끼고 대처하는가?

❾ 우리 부부의 대화 습관과 형태는 어떠한가? 자주 나누는 대화 소재는
무엇인가?

❿ 우리 부부가 미안한 마음이나 고마움을 서로에게 표현하는 방식은 어떠한가?

Part 5

함께 더 잘 살기 위한 결혼의 기술

❶ 결혼하면 그래도 '~ 해야 할 것 같다'라고 생각하는 건 무엇인가?

❷ 혼인신고 여부나 시기에 대해서 어떻게 생각하는가?

❸ 출산 여부나 출산 시기, 자녀의 수는 어떻게 생각하는가?

❹ 자녀를 양육할 때 중요하게 생각하는 것은 무엇인가?

❺ 자녀를 교육할 때 중요하게 생각하는 것은 무엇인가?

❻ 우리는 어떤 방식의 삶을 지향하는가?
(ex 자연 친화적, 다 경험적, 독립적 등)

❼ 원가족 안에서 정해진 가족 행사, 가족문화, 가족 규칙은 어떤 것들이 있는가?

❽ 부모님 생신이나 어버이날 등 양가 가족들의 경조사는 어떻게 챙길
생각인가?

❾ 조율해야 하거나 새롭게 합의해야 할 루틴이나 생활 습관이 있는가?

❿ 결혼 전까지 집안일의 경험은 어떠한가?

⓫ 교우·지인 관계는 어떻게 유지하고 있는가? 모임의 수와 횟수는 어떠한가?

⓬ 결혼 후에도 지속하고 싶은 개인 생활은 무엇이 있는가?

⓭ 각자 필요한 개인 시간과 쉼의 방식은 무엇인가?

⓮ 나는 돈에 대해 어떤 생각을 가졌는가?

⓯ 자라오면서 용돈은 어떻게 관리했나? 월급 관리나 재테크는 어떻게 했나?

⑯ 결혼 후 가정의 재정은 어떻게 관리하고 싶은가?

⑰ 문제나 갈등이 생겼을 때 우리가 자주 사용하는 방식은 무엇인가?

⑱ 우리 부부가 각자 사용하는 방어기제(두렵거나 불쾌한 정황이나 욕구 불만에 직면하였을 때 스스로를 방어하기 위하여 자동적으로 취하는 적응 행위. 도피, 억압, 동일시, 보상, 투사 따위가 있다)는 무엇인가?

⑲ 우리는 주로 어떤 일로 싸웠는가? 해결할 때 어떤 방식을 사용하는가?

⑳ 우리 사이를 돈독하게 만들어주는 애정 표현이나 작은 습관은 무엇인가?

결혼식은 준비하지만, 결혼은 준비하지 않았다

초판 1쇄 발행 | 2025년 6월 14일

글·사진	김수현
펴낸이	이정하
디자인	원스프

펴낸곳	스토리닷
주소	서울시 서초구 방배동 593-3, 301호
전화	010-8936-6618
팩스	0505-116-6618
ISBN	979-11-88613-57-1 (03330)

홈페이지	blog.naver.com/storydot
인스타그램	@storydot
전자우편	storydot@naver.com
출판등록	2013. 09. 12 제2013-000162

ⓒ 김수현, 2025

이 책에 실린 내용 일부나 전부를 다른 곳에 쓰려면
반드시 저작권자와 스토리닷 모두한테서 동의를 받아야 합니다.

스토리닷은 독자 여러분과 함께합니다.
책에 대한 의견이나 출간에 관심 있으신 분은 언제라도 연락주세요.
반갑게 맞이하겠습니다.